KB004686

보이텔스바흐 합의와
민주시민교육

• 사단법인 '징검다리교육공동체'는 '고동치는 민주주의', '춤추는 민주주의'를 기치로 교육을 통해 우리 사회 민주주의를 충전하고자 민주시민교육 전문가, 문화예술인, 교육활동가와 일반 시민들이 참여하여 민주시민교육 관련 연구, 교육, 캠페인 활동 등을 전개하는 교육공동체입니다. 징검다리교육공동체 총서는 징검다리교육공동체와 북멘토가 함께 펴냅니다.

징검다리교육공동체 총서 01

보이텔스바흐 합의와 민주시민교육

1판 1쇄 발행일 2018년 3월 19일 1판 3쇄 발행일 2020년 1월 13일

글쓴이 심성보·이동기·장은주·케르스틴 폴 펴낸 곳 (주)도서출판 북멘토 펴낸이 김태완

편집장 이미숙 책임편집 김란영 편집 김정숙, 송예슬 디자인 책은우주다, 안상준 마케팅 이용구, 민지원

출판등록 제6-800호(2006. 6. 13.) 주소 03990 서울시 마포구 월드컵북로 6길 69(연남동 567-11), IK빌딩 3층 전화 02-332-4885 팩스 02-332-4875

ⓒ 심성보·이동기·장은주·케르스틴 폴 2018

※ 잘못된 책은 바꾸어 드립니다.

※ 이 책은 저작권법에 따라 보호를 받는 저작물이므로 무단 전재와 무단 복제를 금합니다.
   이 책의 전부 또는 일부를 쓰려면 반드시 저작권자와 출판사의 허락을 받아야 합니다.

※ 책값은 뒤표지에 있습니다.

ISBN 978-89-6319-260-4 (03300)

이 도서의 국립중앙도서관 출판예정도서목록(CIP)은 서지정보유통지원시스템 홈페이지(http://seoji.nl.go.kr)와 국가자료공동목록시스템(http://www.nl.go.kr/kolisnet)에서 이용하실 수 있습니다.(CIP제어번호: CIP 2018006964)

징검다리
교육공동체
총서
01

보이텔스바흐
합의와
민주시민교육

심성보·이동기·장은주·케르스틴 폴 지음

이념 갈등과 정치적 대립을
뛰어넘는 교육은
어떻게 가능한가?

북멘토

보이텔스바흐 합의 실천을 위한 징검다리를 놓다

곽노현

(사)징검다리교육공동체 이사장, 전 서울시교육감

보이텔스바흐 합의를 본격적으로 소개하는 국내 최초의 책이 나와서 반갑다. 아니, 감개무량하다. 소회가 남다른 이유가 몇 가지 있다.

첫째, 나는 이 책의 탄생 계기를 제공하고 탄생 과정을 지켜봤다. 나는 심성보 교수의 책을 통해 2014년 가을에야 비로소 보이텔스바흐 합의의 세 가지 원칙을 처음 접했다. 이거다 싶었다. 민주시민교육 활성화에 필수불가결한 교육 원칙임이 분명했다. 당시 나는 민주시민교육의 활성화가 한국 민주주의의 살 길이라는 생각 아래, 어떻게 하면 학교에서 민주시민교육을 제대로 할 수 있을지를 고민하고 있었다. 그 답을 얻은 느낌이었다.

2016년 3월 나는 지인들과 뜻을 모아 민주시민교육 전문 단체인

(사)징검다리교육공동체를 만들고 첫 번째 중점 사업으로 보이텔스바흐 합의를 알리는 일을 시작했다. 먼저 전문가집담회를 몇 차례 조직했다. 이때 좌장으로 모신 분이 교육철학자 심성보 교수, 첫 발제자로 모신 분이 서양사학자 이동기 교수였다. 정치철학자 장은주 교수도 처음부터 집담회에 모셨다. 이동기 교수뿐 아니라 장은주 교수도 한국사 국정 교과서 파동의 대안으로 보이텔스바흐 합의에 따른 역사교육을 주창했기 때문이다. 이 책의 국내 필진 세 분은 이렇게 모였다.

2016년 하반기에는 (사)징검다리교육공동체 강민정 상임이사, 초등학교 교사인 정용주 선생님과 위의 세 분이 의기투합해서 보이텔스바흐 합의에 대한 연구 프로젝트를 진행했다. 조희연 서울시교육감이 보이텔스바흐 합의에 큰 관심을 보였기 때문에 서울시교육청의 의뢰로 충실한 연구보고서가 나왔다. 조금 더 다듬어서 책으로 만들어 내자는 얘기가 자연스레 나왔고 모두 공감했다. 2017년 (사)징검다리교육공동체는 독일 사민당의 정치교육 전문기관인 프리드리히 에버트재단 한국사무소의 지원으로 독일 전문가를 초청해서 국제심포지엄을 개최했다. 이때 에버트재단이 섭외한 독일 전문가가 케르스틴 폴 박사였다. 폴 박사가 유일한 외국인 필자로 참여한 배경이다.

보이텔스바흐 합의는 지난 2년 동안 주로 (사)징검다리교육공동체와 서울시교육청의 노력에 힘입어 꾸준하게 언론에 보도되며 현장 교사들 사이에서 회자되기 시작했지만, 학교 현장에 뿌리내리려면 갈 길이 까마득하다. 국내에는 아직까지 보이텔스바흐 합의에 대한 입문서조차 없다. 상황이 이런지라 구상했던 것과 달리 연구보고서나 심포지엄의 발표문을 수정하는 방식으로 이 책을 만들 수는 없었다. 결과적으로 보면 모든 필자가 새로 글을 쓰다시피 공을 들였다. 한마디로 책의 잉태 기간이 짧지 않았으며 잉태 과정도 간단치 않았다. 나는 이 책이 만들어지기까지 모든 과정의 증인이었다. 책의 출판을 누구보다 기뻐하지 않을 수 없는 첫 번째 이유다.

내가 감개무량하다고까지 소회를 표현한 두 번째 이유는 앞으로의 기대 때문이다. 내가 보이텔스바흐 합의에 꽂힌 이유는 보이텔스바흐 합의가 교육적으로 합당할 뿐 아니라 정치적으로도 유용하기 때문이다. 보이텔스바흐 합의의 세 가지 원칙을 접하는 순간, 나는 이것이 향후 교사의 정치기본권 확보를 위한 민주주의 투쟁에서 최고의 무기가 될 수 있다는 점을 직감했다. 만약 교육의 정치중립성이 교육당국과 교육자에게 무언가를 정당하게 요구한다면 바로 보이텔스바흐 합의에 따른 교육 실천일 것이었다. 그렇다면 보이텔스바흐 합의를 교육법의 원칙으로 수용하고 교사의 정치기본권 제한법을 폐지해도 그만일 것이었다. 새로운 실천 과제가 나오는 순간이었다.

현재 교사들은 선거권 외에는 어떠한 정치기본권도 없다. 집단행동과 정당 활동, 선거 운동과 선거 출마를 모두 금지당하는 정치적 금치산자 신세다. 아이러니하게도 현행법은 교사들을 정당과 선거, 정치의 세계에서 차단하여 이등시민으로 만들어 놓고 학생들을 민주시민으로, 즉 정당과 선거, 정치의 세계를 잘 아는 일등시민으로 길러 내라고 명령한다. 이는 마치 교사한테 수영을 금지하면서 학생한 테는 수영을 가르치라고 명령하는 것과 다를 바 없는 난센스다. 학생을 민주시민으로 길러 내기 위해서는 수업 시간에 사회 현안에 대한 토론논쟁교육을 권장하고 활성화해야 한다. 이때 교사가 자신의 견해를 주입·교화하지 못하도록 할 수 있는 견제 장치가 필요하다.

보이텔스바흐 합의가 그런 견제 장치다. 보이텔스바흐 합의는 정치적이고 논쟁적인 주제를 다룰 때 교사의 주입과 강압을 금지하고, 논쟁 재현 의무를 부과하며, 학생 중심의 정치 판단을 권장한다. 세 가지 원칙을 충실히 따르며 교육 활동을 전개하는 교사는 과거에 선거 출마 경험이 있거나 바깥에서 정당 활동을 하더라도 교육적으로 문제될 게 없다. 보이텔스바흐 합의는 교사의 정치기본권을 회복하는 강력한 논거가 될 뿐 아니라 16세 선거권의 강력한 논거가 된다. 최소한 중학교에서부터 사회 현안에 대한 토론논쟁수업을 보이텔스바흐 합의에 따라 활성화할 경우 고등학생만 돼도 정치적 판단과 선거권 행사에 아무런 어려움을 느끼지 않을 것이기 때문이다.

학부모들도 수업 시간에 정치 현안 등 민감하고 논쟁적인 주제를 자유롭게 다룰 수 있어야 살아 있는 교육이 된다는 점을 모르지 않는다. 다만 정치적 의견이 강한 교사들에게 아이들이 일방적으로 세뇌당하고 휘둘릴 가능성을 경계하고 우려하는 것이다. 보이텔스바흐 합의에 따른 교육은 이런 경계와 우려를 불식할 수 있다. 교육감과 교원 단체, 학부모 단체, 학생 단체가 보이텔스바흐 합의의 세 가지 원칙에 합의하고 교직사회가 보이텔스바흐 합의를 교직윤리와 교육방법론으로 수용한다고 가정해 보라. 학부모들도 학교가 수업 시간에 정치적 주제를 다루거나 교사가 학교 밖에서 정치 활동을 하더라도 불안해하거나 반대하지 않을 것이다.

요컨대, 보이텔스바흐 합의는 정치적이고 논쟁적인 주제를 다룰 때 교사에게 요구되는 정치중립성의 합리적 핵심이자 올바른 교육방법론이다. 또한 교사의 정치기본권에 반대하는 학부모의 경계와 불안을 해소할 수 있는 효과적인 안전장치다. 학생들을 민주시민으로 길러 내기 위해서 교사들은 첫째, 학교 바깥에서 정치기본권의 주체로서 정치적·시민적 활동을 충분하고 다양하게 경험하는 것이 바람직하다. 둘째, 교실 수업에서도 사회 현안을 보이텔스바흐 합의에 따라 최대한 균형 있게 토론논쟁교육으로 소화하는 것이 바람직하다. 교육계의 보이텔스바흐 합의 수용과 실천은 학생 각자를 민주시민으로 길러 내라는 교육기본법의 명령을 실현하는 데 꼭 필요하다.

보이텔스바흐 합의는 복잡하거나 난해하지 않다. 민주시민교육의 내용이 아니라 방법에 대한 최소합의라서 그렇다. 가치관과 이해관계가 다른 사람들도 얼마든지 합의할 수 있는 이유다. 보이텔스바흐 합의는 교사들이 끊임없이 유념하며 수업 상황에 유연하게 적용해야 할 교육 원칙일 뿐, 단순히 따라 하면 되는 매뉴얼이 아니다. 모든 원칙이 그렇듯이 원칙의 실천은 행위 주체의 의지 훈련과 판단력 훈련을 요구한다. 보이텔스바흐 합의에 대해 지속적인 교사 연수가 필요한 이유다. 나는 보이텔스바흐 합의에 따른 사회 현안 논쟁교육 활성화가 진보교육감 3기의 공통목표로 설정되기를 기대한다.

끝으로 심성보·이동기·장은주 교수 등 국내 필진 세 분과 독일 폴 교수에게 감사드린다. 이 책의 기획에서 교정에 이르는 전 과정을 함께해 준 (사)징검다리교육공동체 강민정 상임이사에게도 감사의 말을 전한다. 또한 보이텔스바흐 합의가 책으로 출간되어 우리 교육계 안팎에 본격 소개될 수 있도록 나서 준 북멘토 출판사에도 깊은 감사를 드린다.

민주사회에서 교사의 역할을 고민하는 사람들과 민주시민교육에 관심을 가진 모든 사람들에게 일독을 권한다.

| 차례 |

제1부

제2부

민주시민교육의 필요성과
보이텔스바흐 합의

장은주

'촛불혁명'과 민주시민교육의 필요성

2017년 5월 새 정부가 출범했다. 위대한 '촛불혁명'의 성취다. 대한민국의 시민들은 단 몇 달 동안에 피 한 방울 흘리거나 유리창 하나 깨트리지 않고, 바람 불면 훅 꺼질 수도 있는 촛불만을 들고서, 무능하고 비정하며 부패한 현직 대통령을 권좌에서 끌어내려 결국 사법적 징치를 받게 만들었다. 그리고 드디어 문재인을 대통령으로 하는 제3기 민주정부를 출범시켰다. 세계사적 유례가 없는 대사건이 아닐 수 없다. 모두 위대한 시민의 힘, 곧 '힘없는 사람들의 힘' 덕분이다. 우리 사회에서 기본적인 정의가 실현되는 이 보기 드문 장면을 우리는 당당하게 자랑스러워해도 된다.

그러나 우리는 지금 겨우 출발선에 서 있을 뿐임을 누구나 알고 있다. 우리는 단지 대통령 한 사람 바꾸자고 몇 달씩 그 추운 토요일 밤에 촛불을 들지는 않았다. 완벽하게 정의로운 사회는 아니더라도 최소한 현저한 불의만이라도 없는 사회 정도는 만들 수 있어야 하지 않을까? 다양한 차원의 제도적·인적 '적폐 청산'을 완수해야 함은 물론이고, 여전히 가정과 학교와 일터를 지배하고 있는 권위주의나 반인권적 문화 같은 구시대의 뿌리 깊은 유산도 이제 남김없이 버려야 한다. 그리고 그런 바탕 위에서 우리 사회의 민주주의를 근본적으로 혁신하고 재구성해야 한다.

그러나 그런 여러 문제들을 하루아침에 겨울 앞마당에 쌓인 눈 치우듯 없애 버릴 수는 없다. 우리는 단지 민주주의를 강화함으로써만, 그리고 단지 민주적인 방식으로만 상황에 개입할 수 있다. 그리고 우리가 박근혜 대통령 탄핵 과정에서 확인했듯이 앞으로도 관건은 각성된 시민의 감시와 견제, 참여다. 결국 문제는 시민이고 그 시민이 갖춘 '민주적 시민성'이다. 물론 정당정치나 대의민주주의의 가치를 무시해서는 안 된다. 그러나 그것들이 제대로 작동하기 위해서라도 정치인들이 주권자로부터 독립된 특권 정치계급이 되지 않고 시민들의 열망과 의지에 충실하게 복무할 수 있도록 시민들이 나서서 끊임없이 압력을 가하고 또 견인할 수 있어야 한다. 시민들이 늘 깨어 있어야 하는 것이다. 그 항시적 각성이야말로 자유를 위해 우리가 마땅히 지불해야 하는 대가다.

앞으로 우리는 시민의 주권을 더 철저하게 제도화하려는 노력과 함께 다른 한편으로는 '촛불혁명'을 일상화할 수 있어야 한다. 이번의 촛불혁명은 정말 대단하기는 했지만, 나라의 일이 언제나 그런 식의 저항적 행위에만 기댈 수는 없는 법이다. 우리 시민들은 처음부터 박근혜 같은 이를 대통령으로 뽑지 말았어야 했다. 처음부터 국정농단과 부패를 더 철저하게 감시하고 견제할 수 있어야 했다. 그리고 일상의 삶 속에서 '우리 안의 박근혜'와 '우리 안의 최순실'부터 찾아내서 싸워야 했다. 돌이켜 보면 왜 우리 시민들은 나라가 엉망이 되는 극단적 위기를 맞고서야 각성할 수 있었는지 아쉬움을 피할 수 없다. 한마디로 이제 우리 시민들은 좀 더 일상적으로 시민다워지고 민주주의를 실천할 수 있어야 한다.

그러나 사람이 나면서부터 시민이 될 수는 없다. 시민은 하늘에서 뚝 떨어지지 않는다. 시민은 '형성'되고 '교육'되어야 한다. 돌과 화염병으로 민주주의를 일구어 냈던 사람들조차 저절로 민주주의를 제대로 가꾸고 운영할 수 있는 좋은 시민이 되지 못했음을 우리는 지난 몇십 년 동안 너무도 생생하게 확인해 왔다. 이번의 촛불혁명이 일깨운 시민적 자각도 끊임없이 성찰되고 다듬어져서 널리 공유되고 확산되어야 한다. 무엇보다도 우리의 미래 세대가 더 나은 시민적 역량과 민주적 가치관 및 태도를 가질 수 있게끔 해야 한다. 이제 민주시민교육이 우리 사회 전체의 중요한 과제가 되어야 한다. 시민교육이 희망이다.[1]

이념 대립의 함정

지금껏 우리 사회에서는 민주시민교육의 필요성에 다들 공감하면서도 민주시민교육을 제대로 하지 못했다. 비록 우리 교육기본법은 제2조에서 "교육은 홍익인간弘益人間의 이념 아래 모든 국민으로 하여금 인격을 도야陶冶하고 자주적 생활능력과 민주시민으로서 필요한 자질을 갖추게 함으로써 인간다운 삶을 영위하게 하고 민주국가의 발전과 인류공영人類共榮의 이상을 실현하는 데에 이바지하게 함을 목적으로 한다."고 하면서 민주시민교육이 공교육의 궁극 목적 중 하나임을 분명히 하고 있지만, 실제 교육 현실은 전혀 다르게 돌아가고 있다. 여기에는 두 가지 근본적인 장애가 있는 것처럼 보인다.

하나는 메리토크라시meritocracy 패러다임에 사로잡힌 입시중심 교육이다. 우리 사회의 많은 성원들은 '능력에 따른 분배'라는 정의의 이상 아래 성적이나 학력·학벌 따위를 능력의 증거이자 돈과 권력을 위한 보증 수표 정도로 생각하면서, 공교육 과정 전체를 더 좋은 성적과 명문대 입학이라는 지상 과제를 달성하기 위한 준비 기간 정도로만 여긴다. 이런 사회에서 민주시민교육의 필요나 당위에 대한 사회적 합의가 쉽게 이루어질 리 없다. 그러나 여기서는 이 문제를 깊이 다루지 않겠다.[2]

다른 하나는 다름 아닌 우리 사회의 극심한 이념 대립이다. 바로 그런 대립 때문에 우리 사회에서는, 특히 학교에서 실질적인 내용을 갖춘 민주시민교육을 시행해 보려는 많은 시도들이 그 자체로 심각한 사회·정치적 갈등의 대상이 되고 말 우려가 크다. 전국교직원노동조합(전교조)의 계기수업이나 역사 교과서를 둘러싼 사회적 갈등을 생각해 보라. 민주시민교육에서 때때로 냉전적인 극한성을 드러내곤 하는 이런 종류의 갈등과 대립을 어떻게 에둘러 갈 수 있을까? 이 문제에 대한 설득력 있고 사회적으로 합의 가능한 답이 마련되지 않고는 우리나라 같은 상황에서 민주시민교육은 출발조차 쉽지 않을 것이다.

지금 우리 사회에서는 거의 '문화적 내전'이라고 할 만한 정치적 세계관과 가치관의 충돌이 벌어지고 있다. 한편에서는 '일간베스트' 같이 정치적 의견 차이에 대한 단순한 반대 의사 표명을 넘어 이견을 가진 동료 시민들에 대한 극단적인 혐오와 척결을 선동하고 공격적 폭력성을 조장하는 정치적 문화 공간이 날이 갈수록 확대되고 있다. 그런가 하면, 이들을 '꼴통'이라 부르며 또 다른 종류의 극단적 혐오감을 폭력적으로 드러내는 반대 진영의 사람들 또한 적지 않다. 민주적이고 진보적이기를 자처하는 사람들도 이견을 가진 다른 세력이나 사람들에 대한 극단적인 불신과 반감에 사로잡혀 있을 뿐만 아니라, 마찬가지로 심각한 적대의 언어와 행태에서 전혀 자유롭지 못하다. 대부분의 사회적 갈등 사안들이 합리적인 대화와 토론을 통한 문제 해결의 관점이 아니라 왜곡된 이념적 틀 안에서만 다루어진다.

정치권은 이런 문제들을 완화시키고 거기에서 드러나는 이견·차이·적대를 민주적 제도의 틀 안에서 조율해야 하는 과제를 지니고 있지만, 스스로 이념 대립의 함정에 빠져 오히려 갈등을 증폭시키고 있다. 가령 '세월호 참사' 같은 비극적 사건조차 정치적 진영 논리 속에 가두어 놓고 다루면서 유가족들의 슬픔을 치유하고 참사의 진실을 밝히는 과제를 몇 년째 방해하기만 했던 것이 우리 정치권이다.

이런 상황에서는 제대로 된 민주시민교육을 활성화해 보려는 그 어떤 노력도 정치적 편향성에 대한 시비에서 자유로울 수 없다. 진영을 막론하고 그렇다. 진보 진영에서 민주시민교육을 활성화하자고 하면 그건 '좌경화' 또는 '의식화'의 시도일 뿐이라는 공격이 곧바로 퍼부어지고 반대로 보수 진영에서 그러면 그건 '신민화' 또는 '우민화'의 음모일 뿐이라고 거부된다. 그리고 그런 노력은 다시 그와 같은 대립을 더욱더 증폭시키는 촉매제가 되곤 했다. 우리 사회의 극심한 냉전형 이념 대립이 교육 현장에서의 정치적 갈등을 낳고, 거꾸로 그러한 갈등이 이념 대립을 증폭시키는 악순환마저 낳고 있는 것이다. 그래서 교육 현장은 가능한 한 모든 종류의 정치적 사안들을 회피하려고만 한다.

그뿐 아니라, 교육이 정치권력으로부터 독립적이고 자율적이어야 한다는 헌법에 보장된 교육의 정치적 중립성 원칙을 엉뚱하게도 교육 현장을 일종의 정치적 진공 상태로 만들어야 한다는 요구로 둔갑시켜 전가의 보도처럼 휘두른다.

또 정말 어처구니없게도 교사들에게는 보편적 인권이자 다른 모든 국민들이 누리는 기본권인 정치적 활동의 자유도 심각하게 제한하고 있다. 교육에서 정치는 원칙적으로 회피되어야 하기에 교사들은 어떤 식으로든, 심지어 교육 현장 밖에서조차 정치와 관련된 활동을 해서는 안 된다는 것이다. 이런 상황에서 '정치교육'인 민주시민교육이 들어설 자리는 거의 없어 보인다.

이념 대립의 우회로는 없는가?

우리 사회에 민주시민교육이 뿌리내리기 위해서는 하루빨리 이념 대립의 함정을 에둘러 갈 수 있는 우회로를 찾아야 한다. 그 길은 어디에 있을까? 나는 멀리 갈 것 없이 우리나라의 경험을 성찰해 봄으로써 그 해법을 찾을 수 있으리라고 본다. 지난 박근혜 정권에서 경험했던 역사 교과서 국정화 시도를 둘러싼 엄청난 사회적 갈등을 돌이켜 보자.

당시 박근혜 정부와 보수 진영은 정말 뜬금없고 어처구니없는 방식으로 '역사 전쟁'을 벌였다. 가장 기초적인 수준의 정치적 합리성도 기본적인 양식도 없었다. 역사학계 전체를 좌파라고 매도하질 않나, 자신들이 검정한 교과서가 북한의 주체사상을 가르친다고 생떼를 쓰지 않나, 정말 말도 안 되는 막무가내 몽니를 부렸다. 그것은 분명 지극히 위험한 정치와 교육의 사사화私事化일 뿐이었다.

그러나 당시 일부 야권과 진보 진영의 반응도 문제였다. 대뜸 '역사 왜곡'이 문제라고 공격했다. 아직 만들어지지도 않은 교과서가 역사 왜곡을 할 것이라서 반대한다고 했다. 이는 논리적 허점부터 너무 분명해서, 당장 반박당하고 말았다. 그리고 정부와 보수 진영 못지않게 문제를 이념 전쟁 프레임에 가두어 버렸다. 보수 쪽이 기존의 검정 교과서가 '좌편향'이라서 문제라고 공격하는 것과 다를 바 없이, 새 교과서는 '친일 미화'를 할 것이기에 문제라는 식으로 근본적으로 똑같은 방식으로 대응했다.

놀랍게도, 국정 교과서 제도는 북한 같은 전체주의 국가에서나 도입한다며 반발했던 중고등학교 학생들이 문제의 본성을 더 적절하게 인식하고 있었던 것으로 보인다. 좌편향 역사교육을 바로 잡겠다며 뜬금없이 역사 교과서를 국정화하겠다던 사람들이 전제하고 있던 강한 교육적 시각이 하나 있다. 바로 교과서를 통해 학생들이 '올바른 역사'를 알도록 가르쳐야 한다는 시각 말이다. 그 올바른 역사가 무엇이든, 이런 시각이 지닌 가장 심각한 문제는 배우는 학생들의 '존엄성'에 대한 인식이 전혀 없다는 점이다. 여기서 학생들은 그저 교과서와 교사에 의해 일방적으로 특정한 방식의 사고와 지식을 주입받는, 철저하게 수동적인 존재로만 전제된다. 학생들이 아직 미숙하기는 해도 온전하게 존엄한 시민으로 대우받아야 한다는 점이 완전히 무시되는 것이다. 어쩌면 국정 교과서가 전체주의적이라고 비판했던 학생들은 바로 그 점을 본능적으로 확인하고 반대를 위해 거리로 나섰는지도 모르겠다.

학생들이 국정 교과서 따위를 통해 기성세대가 원하는 방향의 생각을 갖도록 하겠다는 주입식 '교화indoctrination' 교육에 대한 발상은, 사실 우리 보수 진영에서 가령 전교조가 계기교육 같은 것을 통해 학생들을 의식화시킨다고 비난할 때도 바탕에 깔고 있는 교육관의 산물이다. 여기서 교육이란 기본적으로 기성세대가 미래 세대에게 자신의 가치관이나 세계관을 일방적으로 전수하는 것을 의미한다. 그럴 경우 좋은 교육은, 필요하다면 훈화와 강제를 통해서라도, 미래 세대가 그러한 의도에 잘 순응하게 만드는 것이다. 보수 진영은 물론이고 안타깝게도 역사 교과서 국정화 시도에 반대하면서 왜곡되지 않은 올바른 역사를 가르쳐야 한다고 이유를 댔던 많은 진보 지식인들과 정치인들도 어쩌면 같은 교육관을 공유하고 있었는지도 모른다. 문제는 바로 이런 교육관이다.

이런 식의 교육관은 무척 낡았을 뿐만 아니라 무엇보다도 민주공화국의 기본 이념과 정면으로 충돌한다. 그리고 근본적으로, 배우는 학생들을 저마다 불가침의 존엄성을 지닌 인간으로 대우하겠다는 인식이 결여되어 있다. 성장하는 학생들이 궁극적으로 자신의 삶과 생각의 참된 주인이 되고, 그리하여 주체적 시민이 되어야 한다는 민주주의적 교육의 참된 출발점이자 지향점을 무시하고 있다. 진영의 좌우를 떠나 그것은 결국 교육을 특정한 정치적 목적을 달성하기 위한 수단으로 삼겠다는 '교육의 정치화'로 귀결될 수밖에 없다. 우리가 에둘러 가야 할 진짜 함정은 단순히 이념 대립이 아니라 보수와 진보 진영 모두가 공유하고 있는 이와 같은 낡고 반민주적인 교육관이다.

역사 교과서 국정화 시도에서 진짜로 심각한 문제는 단순히 역사 왜곡이나 친일 미화가 아니라, 그것이 민주공화국이라는 우리나라의 헌법 정신을 부정하고 자라나는 학생들의 '시민적 주체성'을 왜곡할 것이라는 데 있었다. 그것은 미래 세대를 저마다 독립적이고 비판적인 사유를 할 수 있는 당당한 시민으로서가 아니라 지배 세력의 세계관과 가치관을 순응적으로 내면화한 '신민臣民'으로 길러 내겠다는 은폐된 정치적 욕망의 표현일 뿐이었다. 이는 결국 아직 어리다는 이유로 학생들의 인간적·시민적 존엄성을 부정하는 것이었다. 세월호 참사 때 수많은 어린 생명을 앗아 갔던 그 '가만히 있으라.' 교육을 더 강도 높게 계속하겠다는 의지의 표현이었던 것이다.

역사 교과서 국정화 시도에서처럼 교육에서 어떤 사안, 특히 사회적·정치적으로 이견이 분분한 사안에 대해 '유일하게 올바른' 한 가지 시각만을 일방적으로 강요하는 것은, 결국 피교육자를 독립적이고 비판적인 사유를 할 수 있는 인간적 주체가 아니라 교육자의 의도대로 조작 가능한 '사물' 같은 존재로 여기는 것이다. 이것은 인간성에 대한 모욕이요, 인간의 존엄성에 대한 부정이다. 어리더라도 학생들의 인간성을 존중하고 그 인간적·시민적 존엄성을 인정한다면, 역사 문제든 다른 사회 문제든 특정한 관점을 강제적으로 주입시키려 하지 말고 다양한 시각과 논점을 제시하고 토론과 논쟁을 통해 궁극적으로는 그들이 스스로 세상과 삶을 보는 눈을 기를 수 있도록 돕는 것을 교육의 기본 방향으로 설정해야 한다. 우리가 찾는 우회로는 바로 여기에 있다.

만약, 진영의 좌우를 떠나서 우리 사회가 이제 낡고 반인권적이며 반민주적인 주입식 교화 교육에 대한 신념과 사유 습성을 버릴 때가 되었다는 데 대해 동의할 수 있다면, 또 만약 참된 민주주의 사회의 교육은 인간 개개인이 지닌 자기 삶에 대한 주권성과 그 불가침의 존엄성을 존중하고 신장시키는 것을 그 출발점이자 목적으로 삼아야 한다는 것을 인정할 수 있다면, 우리가 선택해야 할 우회로는 분명하다. 그것은 바로 다양성에 대한 존중과 차이·이견 등에 대한 관용을 원칙으로 하는 교육이다. 특히 역사 문제처럼 사회적·정치적으로 논란이 되고 불가피하게 서로 다른 의견과 관점이 충돌할 수밖에 없는 사안에 대한 교육과 관련해서는, 그러한 접근은 절대적으로 필수적이다. 이에 대한 결정적인 모범 사례가 있다. 바로 독일의 경우다.

독일 보이텔스바흐 합의

통일 전의 분단국가 독일에서도 교육 문제를 두고 우리와 비슷한 사회적 갈등이 있었다. 독일에서는 '민주시민교육'을 '정치교육politische Bildung'이라고 한다. 독일은 나치로부터 해방된 직후 새로운 '독일연방공화국'을 세우자마자 다시는 나치 같은 세력이 집권하는 일이 없도록 만들겠다며 '연방정치교육원Bundeszentrale für politische Bildung'을 설립하고 시민들을 상대로 한 체계적인 민주주의 교육을 시작했다. 학교에서도 마찬가지다.

그러나 1960년대 말 시작된 학생 운동의 여파로 이 정치교육을 둘러싸고 격심한 좌우 대립이 일어났다. 적군파 까지 등장할 정도로 당시 서독의 이념 대립은 격렬했는데, 교육 현장의 갈등도 만만치 않

• 적군파는 1970년에 결성된 서독의 극좌파 무장단체로, 독일 68운동의 혁명적 사상에 뿌리를 두고 있다. 서독 정부는 적군파를 반제국주의 공산주의 테러리스트 집단으로 규정했다.

왔다. 많은 좌파들이 정치교육을 사회 변혁의 수단으로 삼고 싶어 했던 반면에, 우파들은 당시 서독의 체제를 옹호하는 쪽에 초점을 두었다. 각각 '민주주의 수호'와 '해방'을 외치던 좌우 진영은 서로에 대해, 우리 식으로 말하자면, '의식화' 또는 '우민화' 교육을 그만두라며 날선 이념 전쟁을 치렀다.

이런 상황에서 1976년 가을, 바덴뷔르템베르크 주정치교육원 Landeszentrale für politische Bildung Baden-Württemberg의 원장이었던 지그프리트 실레Siegfried Schiele가 좌우 진영을 망라하여 당시 독일에서 가장 영향력 있는 정치교육 학자들과 관련자들을 초대하여 보이텔스바흐Beutelsbach 에서 정치교육원 주최의 학술 행사를 개최했다. 그러면서 자신의 동료였던 한스게오르크 벨링Hans-Georg Wehling 박사에게 혹시 학술 대회에 참여했던 좌우 진영의 정치교육 관련자들 모두가 동의할 수 있는 원칙 같은 것은 없을지 보고서를 작성하게 했다. 이를 바탕으로 독일 정치교육계에서는 다음의 세 원칙**에 대한 합의가 이루어졌는데, 이를 '보이텔스바흐 합의Beutelsbacher Konsens'라 한다.

1) 강압(교화) 금지: 어떤 수단을 통해서든 학생들에게 특정한 견해를 주입하고 그럼으로써 그들이 독립적인 의견을 형성하지 못하도록 방해해서

** 애초의 역사적인 문서에는 첫 번째 원칙인 '강압 금지'만 명시되어 있고 두 번째·세 번째 원칙의 이름은 없었다. 이에 따라 관련자들이 핵심을 요약하여 편의상 이름을 붙이면서 여러 표현이 사용되고 있다. 첫 번째 '강압 금지'는 '교화 금지'라고도 하며, 두 번째 원칙은 '논쟁성에 대한 요청' 외에 간단히 '논쟁성 원칙' 또는 '논쟁 재현 원칙'이라고도 한다. 그리고 세 번째 원칙인 '이해관계 인지'는 '학습자 이익 상관성'이나 '행동지향' 또는 '학생지향' 등으로 불리기도 한다.

는 안 된다. 바로 여기에 정치교육과 교화의 경계가 있다. 교화는 민주 사회의 교사가 할 역할이 아니며, 민주 사회에서 널리 받아들여지는 학생의 성숙이라는 목표에도 적합하지 않다.

2) 논쟁성에 대한 요청(논쟁성): 학문과 정치에서 논쟁적인 것은 수업에서도 역시 논쟁적으로 드러나야 한다. 이 요청은 첫 번째 원칙과 밀접하게 연결된다. 왜냐하면, 교화는 다양한 관점들을 숨기고 다른 선택지들을 내팽개치며 대안들을 해명하지 않을 때 일어나는 것이기 때문이다.

3) 이해관계 인지(행동지향·학생지향): 학생들은 특정한 정치적 상황과 자신의 이해관계의 상태를 분석할 수 있어야 할 뿐만 아니라 자신의 이해관계에 비추어 주어진 정치 상황에 영향력을 행사할 수 있는 수단과 방법을 찾을 수 있어야 한다.

독일은 이 합의에 따라 교육 현장에서 심각한 이념 대립을 극복하고 전 국가적인 차원에서 체계적인 정치교육(민주시민교육) 시스템을 만들어 내는 데 성공했다. 이 합의는 통일 이후 오늘날까지 성공적인 사회 통합과 민주주의에 기반을 둔 번영의 토대를 구축할 수 있는 바탕이 되었다고 평가된다. 통일 후에도 구동독 지역에서 이 합의에 따른 체계적인 민주주의 교육을 실시함으로써 공산당 지배하의 전체주의 교육에 젖어 있던 주민들이 민주주의의 원리와 가치에 익숙해지는 데도 커다란 기여를 했다.

보이텔스바흐 합의는 일방적인 주입식 정치교육을 지양하고, 정치교육을 통해 학생들을 스스로 판단하고 결정하며 행동할 수 있는 능력을 갖춘 존재로 성장시키겠다는 교육적 관점을 철저하게 견지하려는 데서 나온 것이다. 독일의 정치교육학자 볼프강 잔더Wolfgang Sander는 이 합의를 '정치교육의 교육화Pädagogisierung der politischen Bildung'의 결과라고 평가했다.[3] 그것은 이 합의가 특정한 정치 이념이나 이해관계에 치우치지 않고 학생들이 바람직한 정치적 주체로 성장하는 데 초점을 두고 있기에, 정치교육을 하면서도 '정치에 대한 교육의 우선성'이라는 원칙을 잃지 않을 수 있는 가장 적절한 틀이라는 이야기다. 흔히 독일 '정치교육의 헌법'이라고 평가되기도 하는 이 합의는 비록 많은 논쟁이 있지만 오늘날까지도 그 핵심이 흔들리지 않고 있다.

이유는 명백하다. 보이텔스바흐 합의는 흔히 '논쟁성에 대한 요청Kontroversitätsgebot', 또는 간단히 '논쟁성의 원칙Kontroversprinzip'이라고도 불리는 두 번째 원칙을 중심으로 하고 있다. 이 원칙은 교사에게는 '강압(교화) 금지'를 요구하고, 학생들에게는 '이해관계 인지(행동지향)'를 요청하는 형태로 표현된다. 이것은 한마디로 정치적으로 민감한 사안들에 대한 사회적이고 학문적인 차원의 논쟁이 교실에서도 드러나게 하는 방식으로 교육해야 한다는 원칙이다. 이런 원칙이야말로 오늘날의 다원적 민주주의 체제에서 이루어지는 교육 이념에 가장 잘 부합할 수 있기 때문이다.

민주 시민 없이 민주주의는 성립될 수도, 유지될 수도 없다. 그렇기에 시민들, 특히 미래 세대를 위한 민주시민교육은 민주주의 그 자체의 본질적 일부로서 모든 민주주의 사회의 핵심적 과제 중의 하나다. 그러나 어느 사회에서든 실제로 민주주의를 교육하는 과정에서 교사들이 자신의 정치적 견해나 입장에 따라 특정한 방식으로 학생들을 오도할 우려가 너무 크다. 주입식 교화 교육을 경계하는 것인데, 바로 이것이 정치적 성격을 갖는 민주시민교육이나 정치교육을 하는 데 가장 큰 장애라 할 수 있다. 어떤 정치적 지향을 가졌건 간에 학부모나 다른 시민들이 그런 방식의 교화 교육을 달갑지 않게 여길 것이기 때문이다. 그렇다면 유일한 해답은 학생들에게 민주시민교육 혹은 정치교육을 하되 정치적인 사안에 대한 다양한 견해와 해법, 그에 따른 갈등의 가능성을 제시하여 학생 스스로가 판단하고 결정하며 행동할 수 있는 능력을 갖추게끔 성장시키는 것이다. 보이텔스바흐 합의는 바로 이 해답을 담고 있다.

여기서 가장 중요한 것은 바로 그러한 정치적 견해나 입장의 다양성, 또 그에 따른 '갈등'이나 '논쟁'이야말로 민주주의의 본질이라는 점이다.[4] 민주주의는 아무런 갈등이 없는 정치 체제가 아니라 갈등을 생산적으로 승화시킨 정치 체제라고 할 수 있다. 민주주의에서 갈등과 논쟁의 여지가 없는 원칙은 오직 '갈등과 논쟁이 그 본질을 이룬다.'는 원칙뿐이라고 할 수 있을 정도다. 어떤 의미에서 보면, 민주주의란 시민들이 다양한 사안들에 대해 각자만의 고유한, 서로 다른 의견을 가질 수 있다는 점에서 평등하다는 것을 서로 인정하는 정치 체제라 할 수 있다. 이러한 다원주의의 인정 없이 민주주의는 성립될 수도 유지될 수도 없는 바, 이는 사상의 자유, 다당제, 소수자 보호 등과 같은 민주주의의 가장 기본적인 원칙으로 구현된다. 논쟁성의 원칙은 바로 그 토대 위에서 나온 교육적 원칙인 것이다.

때문에 보이텔스바흐 합의, 특히 논쟁성의 원칙에 따른 정치교육
또는 민주시민교육은 단지 독일적 맥락에서만 강조되고 타당한 것
이 아니라 모든 민주주의 국가에서 보편적이고 필연적으로 요청되는
것이라 할 수 있다. 보이텔스바흐 합의는 독일의 경험에 기초했지만
정치교육과 역사교육을 둘러싼 갈등을 심각하게 겪고 있는 모든 민
주주의 사회에서 갈등 조정과 합의 모델로 수용될 수 있다. 단적으로
말해, 보이텔스바흐 합의의 세 원칙은 본질적으로 다원적인 민주주
의 사회에서는 어디서든, 학생들의 주체성과 존엄성을 부정하지 않
는 방식으로 민주시민교육·정치교육을 하고자 한다면 반드시 채택
하지 않을 수 없다.

우리나라도 예외일 수는 없다. 앞에서 언급한 것처럼, 분단 상황과
그에 따른 이념 대립이 다른 어떤 곳보다 극심한 상황인 만큼 더더욱
그러한 원칙이 필수적일 것이다. 촛불혁명 이후 민주주의의 공고화
와 심화라는 과제를 제대로 달성하기 위해서는 민주주의 교육의 강
화가 절대적으로 필수적인 바, 보이텔스바흐 합의의 정신에 따른 교
육만이 극심한 이념 대립의 함정을 피해 갈 수 있는 사회적 합의를
이끌어 낼 수 있을 것이다.

이 책에 대하여

촛불혁명의 완수라는 역사적인 과제가 우리 앞에 현재진행형으로

놓여 있지만 정작 중요한 역할을 해야 할 교육 현장에는 시대착오적인 이념 대립과 갈등이 여전하다. 이 책은 우리 사회에서 독일 보이텔스바흐 합의가 갖는 교육적 의미를 살펴봄으로써 민주시민교육의 실천과 정착을 위한 토대를 마련하기 위해 기획되고 집필되었다.

본문은 크게 두 부분으로 이루어졌다.

제1부에서는 독일 보이텔스바흐 합의의 성립 과정과 내용 및 그 특징을 한국과 독일 전문가의 글을 통해 살펴본다. 역사학자 이동기는 독일 정치교육의 의미와 역사를 간략하게 소개하면서 보이텔스바흐 합의가 어떤 정치적 맥락과 상황 속에서 도출되었는지를 비교적 자세하게 살펴본다. 그리고 그것이 제시한 '최소합의'의 의의를 밝힌다. 독일의 정치교육학자 케르스틴 폴Kerstin Pohl은 보이텔스바흐 합의가 어떻게 성립되고 수용되었는지를 설명하면서 이 합의를 둘러싸고 어떤 논쟁들이 있었는지, 또 이 합의의 의의와 한계는 무엇인지를 독일 전문가의 관점에서 소개하고 있다. 우리나라에서 이와 유사한 합의를 도입하기 위해 유의해야 할 지점도 언급한다. 이 글은 2017년 서울에서 (사)징검다리교육공동체와 서울시교육청이 공동으로 주최한 심포지엄에서 그녀가 행한 강연 원고에 기초를 둔 것으로 한국의 독자들을 염두에 두고 새로 집필한 것이다.

제2부에서는 보이텔스바흐 합의가 갖는 실천적 의미와 그 합의의 한국적 수용과 관련한 고려 사항 및 과제들을 다룬다. 정치철학자 장은주는 보이텔스바흐 합의가 구체적인 교육 현장에서 정말 실천할 수 있는 원칙들을 담은 것인지와 관련하여 제기될 수 있는 오해들을

중심으로 해명하고 그것을 실현하기 위해 필요한 전제들을 살펴본다. 교육철학자 심성보의 두 글은 보이텔스바흐 합의를 수용하기 위해서는 우리가 어떤 문제들을 함께 고려해야 하는지를 점검하고 또 우리 사회의 민주시민교육의 방향을 설정하는 데 그 합의가 가질 수 있는 의의를 논의한다.

그리고 마지막에, 이동기가 초안한 '한국판 보이텔스바흐 합의를 위한 10가지 테제'를 덧붙였다. 우리나라에서 유사한 합의를 발전시키기 위해 유의해야 할 지점들을 짚었다.

서로 다른 학문 배경을 가진 한국과 독일의 전문가들이 각자 자신의 관점에서 독일의 보이텔스바흐 합의를 소개하고 그 의의를 살피다 보니 더러 논점들이 반복되기도 한다. 이런 종류의 책에서는 불가피하지 않을까 싶다. 독자들의 양해를 바란다. 아무쪼록 우리나라에서 독일의 보이텔스바흐 합의를 최초로 체계적으로 소개하고 토론하고 있는 이 책이 민주시민교육에 관심을 갖는 학자나 연구자들뿐 아니라, 특히 현장의 교육실천가들과 교육 정책 담당자들에게 뜻깊게 활용될 수 있기를 기대해 본다.

제1부

| 1장 |

보이텔스바흐로 가는 길

'최소합의'로 갈등 극복하기

| 2장 |

독일의 보이텔스바흐 합의

등장과 수용 그리고 논쟁

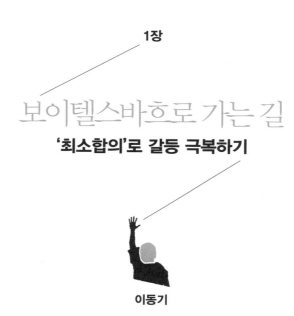

1장

보이텔스바흐로 가는 길
'최소합의'로 갈등 극복하기

이동기

　　'누구도 독재자로 태어나지 않는다.' 마찬가지로 '성숙한 시민은 하늘에서 떨어지는 것이 아니다.'(테오도어 에셴부르크 Theodor Eschenburg)[1] 민주시민교육은 이 두 명제에서 출발한다. 태어나 보니 아버지가 독재자인 사람은 불행하지만 그렇다고 그 스스로 독재자가 될 이유는 없다. 독재자로 태어나는 사람이 없는 바로 그만큼 민주주의자로 태어나는 사람도 없다. 민주주의 사회에 살기 위해서는 누구나 민주주의를 배워야 한다. 민주주의 제도가 갖추어졌다고 해서 곧장 그 사회가 민주주의를 유지하거나 발전시키지는 못한다. '민주주의자 없는 민주주의'의 파국적 역사 경험은 민주시민교육의 중요성을 일깨웠다.[2] 민주주의는 제도와 절차, 운동과 가치만이 아니라 무엇보다 '민주주의자들'이 필요하다. 민주시민'교육'의 독자적 의미와 역할은 바로 여기에 있다.

그런데 성장하며 배운다고 모두 '민주주의자'가 되는 것은 아니다. 때로는 정반대다. 이를테면, 인습적인 국가(민족) 중심의 역사교육으로 인해 오히려 역사가 엘리트 특권층의 업적, 또는 민족의 광휘나 국가의 위용에 대한 서사라고 확신하며 협애하고 배타적인 역사상과 지배이데올로기로 물든 역사 인식을 갖는 경우도 잦다.[3] 또한 사회과 교육이나 민주시민교육을 민주주의 제도 학습으로 환원해 학생이나 학습자들로 하여금 정치 주체로서의 자기결정이나 사회 비판, 정치 참여로부터 오히려 멀어지게 하는 것은 민주시민교육의 본래 취지에 어긋난다. 그렇기에 정치 체제에 대한 학습이나 헌정 질서의 수용은 민주시민교육의 기본 내용이긴 하지만 그것만으로는 시민들의 정치 적 '성숙'을 기대할 수 없다. 또 '인성교육'을 내세워 현실 정치와 사 회 문제에 대한 비판과 참여 역량 증진의 과제를 뒷전으로 돌려서도 안 된다. 민주시민교육은 특정 사회 세력 범주로서의 집단이 아니라 개별 시민을 전제하지만 그 개인들의 '착하게 살기'식 계몽 운동은 아니다. 우리의 현 상황이 이러하기에 민주시민교육의 방향과 원칙 에 대해서는 더 많은 논의가 필요하다.[4] 정치공동체가 꾸준히 법률과 규정을 만들고 때로 헌법을 개정하듯이 민주시민교육의 내용에 대해 서도 계속 토론하고 비판하며 고쳐야 한다.

민주주의는 정치공동체 구성원들이 함께 학습하고 소통하는 과 정을 필요로 한다. 민주주의 사회의 시민은 제도적으로나 문화적으로 민주적 가치와 규범을 공유·전승하며 민주적 절차와 방식을 학습·확산할 수 있어야 한다. 그런데 공동체의 민주주의 학습 과정은 구성원들 간의 비판과 논쟁 없이 이루어지지 않는다. 비판과 논쟁을 통해 비로소 민주주의는 행위나 제도를 넘어 과정이자 문화가 된다. 주장과 반박, 논증과 설득, 경쟁과 쟁투, 대안과 타협, 조정과 합의, 유보와 미결 등이야말로 민주주의 정치 과정을 구성하기 때문이다. 민주주의는 사상의 자유와 견해의 다양성을 보장하기에 헌정 질서와 사회 체제의 결함 및 문제에 대한 비판도 용인한다. 정치 체제와 규범에 대한 새로운 해석과 지향은 허용될 뿐만 아니라 때로 권장된다.

민주주의는 시민들의 자기결정과 선택 및 자유에 의거한다. 민주 시민교육은 민주주의 규범과 가치를 일방적으로 주입하거나 제도와 절차에 대한 지식을 전달하는 차원을 넘어서야 한다. 민주시민교육은 민주주의 정치문화의 발전을 위해 시민의식을 고양하는 것이지만, 핵심은 특정 질서나 규범을 수동적으로 수용하거나 절차와 과정을 잘 인지해 정치 제도의 원활한 작동과 운영을 보조하는 데 있는 것이 아니라 시민들이 정치 주체로서 스스로 판단하고 비판하고 결정하는 능력을 높이는 데 있다. 민주시민교육은 분석·성찰·비판·평가하는 판단력의 고양을 핵심 과제로 삼으며 정치 행동에 대한 자기결정을 지향한다. 이때 시민들을 특정 정치 진영으로 귀속시키거나 정치 집회나 사회 운동에 참여하도록 만드는 것을 민주시민교육의 궁극 목표라고 오해해서도 안 된다. 민주시민교육은 정치에 무관심하거나 수동적인 방관자를 정치 과정에 참여할 의지와 능력을 갖춘 시민으로 발전시키는 것일 뿐이다.[5] 적극적인 저항 시민의 형성을 배제할 이유는 없지만 그것을 목표로 삼는 것은 민주시민교육의 본래 성격을 오해하는 것이다. 정치 저항이나 사회 변혁의 집단 주체로 시민들을 교육하는 것이 정치 과정을 스스로 분석·평가하며 자율적으로 행위를 선택하고 참여(방식)를 결정하는 역량Kompetenz을 높이는 것과 동일한 것은 아니다.[6] 그 둘은 더러 만나지만 자주 어긋난다.

이런 맥락에서 보면, 민주시민교육의 발전을 위해서는 민주주의 정치 과정에 대한 이론적 논의 외에도 교육학적 논의가 따로 필요하다. 학습자와 교육자의 역할과 지위, 양자의 관계 및 그것을 둘러싼 정치문화의 전제, 토론문화의 조건에 대해 논의가 더 필요하다. 교육 내용을 둘러싸고 차이가 발생하면 교육 방법과 원칙에 대한 입장도 차이가 날 수밖에 없다. 하지만 역으로 교육 방법에 대한 입장 차이가 조정되고 일정한 합의가 이루어진다면 교육 내용을 둘러싼 입장 차이를 조정하고 해결할 방책이 마련될 수 있다. 바로 그런 점에서 교육 방법을 둘러싼 '합의' 문제는 민주시민교육 논의에서 핵심 지위를 차지한다.

교육 갈등의 조정 규칙과 합의문화에 대한 관심은 우리의 눈을 독일로 이끌었다.[7] 서독은 1970년대 후반 민주시민교육의 내용과 방향을 둘러싸고 발생한 이데올로기 갈등과 정치 대결을 극복하고 점차 합의를 이루었기 때문이다. 바로, 1976년 11월의 '보이텔스바흐 합의Beutelsbacher Konsens'가 그것이다. 1970년대 초 민주사회주의를 강령으로 가진 독일사회민주당Sozialdemokratische Partei Deutschlands: SPD, 약칭 사민당과 보수주의적 체제 안정을 지향하는 기독민주연합Christlich Demokratische Union Deutschlands: CDU, 약칭 기민련의 정치 대결을 배경으로 서독의 진보와 보수 양 세력은 중등학교 '사회과' 교육과 학교 밖 시민교육의 내용을 둘러싸고 격렬한 주도권 다툼을 전개했다. 얼마 뒤 그것에 질린 일부 교육학자들과 시민교육 종사자들이 갈등을 극복할 합의 모델을 발전시켰다. 보이텔스바흐 합의를 통해 독일 민주시민교육은 불필요한 정치 갈등을 줄이고 실제적인 문제에 집중하며 발전할 수 있었다. 그 의의는 독일에만 한정되지 않는다. 그것은 학교 '사회과' 과목과 민주시민교육을 둘러싸고 파국적 갈등이 지속되고 합의의 기반이 없는 곳이라면 어디서든 크게 관심을 가질 만한 성과다.

이 장은 보이텔스바흐 합의를 역사적으로 분석하고 그 의미와 의의를 살피는 것에 집중한다.[8] 보이텔스바흐 합의에 대한 이해를 돕기 위해, 먼저 독일 정치교육의 역사를 개관하고 1970년대 교육 갈등의 정치적 배경을 덧붙인다. 다음 절은 보이텔스바흐 합의 과정과 의의를 소상히 다룬다. 독일에서는 보이텔스바흐 합의 내용을 둘러싸고 정치교육의 이론적 쟁점들이 많이 생겨났지만 이 글에서는 그것을 제한적으로만 다룬다.[9] 마지막 절은 한국의 현실을 염두에 두고 보이텔스바흐 합의의 의의를 살피는 것으로 맺는다.

1. 독일 정치교육 개요

1) '정치교육'의 의미

독일은 미국이나 유럽의 여타 국가와는 달리 '시민교육^{civic education}'이나 '민주교육^{democratic education}', 또는 '민주시민교육^{democratic citizenship education}'이 아니라 '정치교육^{politische Bildung}'이란 용어를 사용한다. '정치교육' 개념은 1945년부터 독일에서 정착되었고 여타 용어는 예외적이거나 보조적으로만 사용된다.[10] 애초 바이마르공화국 시기에는 '공민교육^{staatsbürgerliche Bildung, staatsbürgerliche Erziehung}'이란 용어가 수용되었는데, 그것은 무엇보다 '국가^{Staat}'를 위한 교육이라는 함의를 지녔다. 전후 서독에서는 정치교육 개념이 정착되었는데, 그것은 여타 국가에서 사용하는 시민교육이나 민주교육과 유사한 지위를 차지했다. 동유럽이나 프랑스에서 정치교육은 당파에 물든 이데올로기 교육을 의미했기에 독일의 정치교육 개념이 유럽에서 보편적으로 적용되거나 전이되기는 어려웠다.

서독에서 정치교육은 민주주의 정치의식의 함양을 통해 민주주의 정치문화의 형성과 발전을 보조하는 것으로 인식되었다. 독일인들은 자국에서는 정치교육이라는 말을 사용하더라도 국제 무대에서는 시민교육이나 민주교육이라는 용어를 대신 사용한다. 독일이 정치교육이란 개념을 굳이 사용하게 된 데에는 나치즘 청산 과정의 맥락이 놓여 있다. 미국이나 유럽의 '사회과' 과목에 해당하는 교과목을 개설하는 과정에서 일부 주에서 '정치'라는 이름의 과목이 개설되었고, 성인들에게도 '민주주의 정치' 교육의 필요성이 부각되었다. 1952년 11월 25일 독일연방정치교육원Bundeszentrale für politische Bildung이 개원하면서 시민교육은 '정치교육'이란 이름으로 정착되었다. 아래에서는 독일의 '정치교육' 용어를 그대로 사용하겠지만 민주교육이나 민주시민교육이라고 이해해도 무방하다.

물론, 엄밀하게 말하면 양자의 의미와 함축은 다르다. 정치교육은 주로 정치 이해와 참여, 즉 정치 상황에 대한 이해를 촉진하고 민주주의 의식을 다지고 정치 참여 의지를 북돋우는 것을 과제로 삼는다. 반면 시민교육은 정치 제도나 과정에 대한 교육을 넘어 사회 문제, 생태와 환경 변화, 일상문화를 포함한 인간 삶의 다양한 양상들을 포괄적으로 다룬다. 시민교육은 시민들의 민주적이고 개방적인 의사소통과 현실 이해 및 정의롭고 평화로운 세계 건설 역량을 강화하는 것을 추구한다. 그러나 10여 년 전 독일의 정치교육은 협소한 의미의 정치 제도와 과정에 대한 교육을 넘어 더 포괄적인 민주주의 교육으로 재정립되면서 민주시민교육과 개념적 차이가 사라졌다.[11]

2) 독일 정치교육 약사

독일에서 정치교육은 이미 학교 제도가 확립되었을 때부터 시작되었다. 그것은 항상 근대 교육 제도와 실천의 일부였다. 하지만 그것이 독립적인 역사와 기능을 수행하기 시작한 것은 1945년 이후의 일이었다. 즉 분과 학문으로나 학교 교과목으로 '정치교육'이 자리잡은 것은 전후의 일이었다. 독일 정치교육의 역사를 포괄적으로 분석한 발터 가겔Walter Gagel의 연구를 약간 변용하면, 독일(서독) 정치교육의 역사는 크게 6개의 시기로 구분된다.[12]

1기. 1945~1949년: 2차대전 이후의 재교육

1기는 1945년부터 1949년까지로, 외부로부터의 방향 재설정 국면이다. 이른바 '재교육Re-education; Umerziehung'의 시기다. 2차대전의 전승국들은 패전국 독일에서 나치의 정치 잔재 및 문화 뿌리를 제거하려면 독일 국민의 재교육이 필수적이라고 생각했다. 독일을 점령한 전승국들은 독일인의 정치의식에서 나치즘의 영향을 없애고 민주주의 문화를 정착시키기 위해 전면적인 변화가 필요하다는 입장을 공유했다. 그 재교육을 위해서는 학교 정책이 중요했다. 특히 서방 점령군은 민주주의 교육 원칙과 제도를 도입하고자 노력했다. 이를테면, 미국은 민주주의 정치를 위해서는 학교 교육이 매우 중요하다고 보고 그것을 위해서는 학교에서 역사와는 구분되는 사회과Sozialkunde 과목이 독립되고 강화되어야 한다고 생각하여 그런 구상을 서독에서 관철했다. 미국 점령 당국은 독일의 역사 과목이 전통적으로 민족주의 극우파의 온상이라고 보았기에 미국식 사회과 과목에 특별한 정치적 의미를 부여했다. 그 결과 점차 서독의 모든 주에서 다양한 이름, 즉 '정치와 경제'(헤센주), '사회'(바이에른주와 라인란트팔츠주), '사회과학'(자를란트주), 또는 '공동체'(바덴뷔르템베르크주) 등의 교과목이 생겼다.

하지만 새로운 교과목이 등장한 것을 제외하면 학교 제도를 비롯한 여타 부문의 갱신은 성공하지 못했다. 학교 정책의 급격한 혁신을 통해 재교육의 제도적 근간을 마련하려고 했던 시도는 독일 학계와 사회의 뿌리 깊은 문화적 자의식으로 거부되었다. 독일인들에게는 그저 '나치 시기 이전으로 돌아가기만 하면 교육이 정상화될' 것이라는 인식이 지배적이었기 때문이다.

2기. 1950년대: 학문적 토대 구축과 제도적 발전 모색

2기는 1950년대로, 외부의 압박으로 그 근간이 만들어진 서독의 정치교육에 대해 서독인들의 자발적인 모색이 진행되던 시기다. 1950년대 내내 서독 교육학계와 정치교육 전문가들은 민주주의 정치교육의 학문적 토대를 구축하고 제도적 발전을 모색했다. 이때 나치 지배와 억압의 경험은 결정적으로 중요했다. 프리드리히 외팅어Friedrich Oetinger는 '사회교육Sozialerziehung', 테오도어 리트Theodor Litt는 '공민교육staatsbürgerliche Erziehung', 테오도어 발라우프Theodor Ballauf는 '양심교육Gewissenbildung'을 내세우며 정치교육의 철학적·교육학적 근간을 마련하기 위해 노력했다. 교육철학적 이념의 차이에도 불구하고 공통점은 나치즘의 사상적 기반을 무너뜨리고 신생 민주국가를 위한 의식과 문화 차원의 지지 기반을 마련하는 것이었다.

물론, 학교의 정치교육 교과목은 비판적이고 '성숙한' 시민 형성에 기여했다기보다 전통적인 국민교육에 불과했다. 그리고 민주주의 제도, 의회·정부·정당의 기능과 역할, 기본법에 대한 지식을 체계화하는 데 급급해 '민주주의 정치교육'으로 발전하지 못한 채 '제도 학습'에 그쳤다. 게다가 그것은 서독 정치 질서에 대한 무비판적 옹호와 정당화에 의거했기에 비판이나 토론이 들어설 자리가 거의 없었다. 전후 냉전과 분단은 서독 사회로 하여금 전체주의론에 기초한 반공주의를 제외하고는 사회 내적 비판과 자국사에 대한 근본적 성찰을 용납하지 못했다.

3기. 1960년대: 사회과학적 관점 도입

세 번째 시기는 1960년대 정치교육에 사회과학적 관점이 도입된 때이다. 1950년대 후반부터 기왕의 정치교육이 지닌 문제점에 대해 다양한 비판이 제기되었다. 특히 정치교육이 정작 정치와 사회 현실에 대한 분석을 포함하지 못하는 문제가 주목을 받았다. 학습과 관련한 이론적 논의가 수용되어 교육학 방법론이 발전했고 사회학과 정치학의 주제·개념들이 정치교육의 학문적 심화를 도왔다. 그 결과 정치교육에서 정치적 논쟁 주제에 대한 판단 형성이 주요 관심사로 부각됐다. 하지만 아직까진 정치교육이 새로운 서독의 정치 질서와 사회 체제를 지지하고 옹호해야 한다는 합의가 광범위하게 존재했다.

4기. 1960년대 후반~1970년대 전반: 진보·보수 세력의 격돌

4기는 진보 세력과 보수 세력 간의 격렬한 대결로 대표된다. 1960년대 후반에는 신좌파 사상의 확산과 급진적 학생 운동 및 청년 저항의 영향으로 비판적 교육학 이념이 확산되고 있었다. 점차 서독 정치교육의 '합의'가 근본적으로 의문시되는 상황으로 발전했다. 특히 1970년부터 서독 정치교육 주요 이론가들은 정치교육을 체계적으로 발전시킨 다양한 관점과 이론들을 선보였다. 사민당SPD과 자유민주당Freie Demokratische Partei: FDP, 약칭 자민당*의 소연정 시기 서독 정치와 여론 사회는 정치적 입장에 따라 서로 다른 교육 정책과 내용으로 홍역을 치렀다. 정치교육을 둘러싸고 진보 세력과 보수 세력 간에 격렬한 대결이 진행되었다. 1970년대 전반기에는 정치교육 수업의 기준안과 교재에 대한 주 정부의 개입이 강화되었다. 이른바 사민당이 권력을 장악한 A-주들과 기민련CDU 또는 기민련의 자매 정당인 기독사회연합Christlich-Soziale Union: CSU, 약칭 기사련**이 통치하는 B-주들은 서로 다른 수업 기준안과 교재를 사용했다.

5기. 1970년대 후반~1980년대: 실용주의적 전환

1970년대 후반에는 앞선 시기의 이론 논쟁에 지친 정치교육 전문가들이 '실용주의적 전환'을 모색했다. 특히 1977년 롤프 슈미더러Rolf Schmiederer를 중심으로 이론 논쟁을 자제하고 교육 현장의 구체적 문제에 초점을 맞추기 시작했다. 학생 중심, 경험 중시, 행위 중심 등의 관점이 정착되었다. 주제 영역도 새로워졌다. 이를테면, 평화 정

---

* 자민당은 시장자유주의를 옹호했지만 민주주의 개혁과 평화 정치를 지향했기에 보수당인 기민련을 버리고 사민당과 함께 연립정부를 구성했다.
** 기사련은 바이에른주에 기민련을 대신해서 존재한 지역 정당으로 기민련보다 더 보수적이지만 바이에른주에서 오랜 기간 권력을 독점했다.

착, 환경 문제, 신기술 등의 문제가 크게 관심을 끌었다. 서로 이질적인 정치교육의 종사자들이 '실용주의적 전환'을 경험하면서 1976년의 보이텔스바흐 합의가 이루어졌다. 그 직후는 아니지만 이것은 점차 정치교육 발전에 큰 영향을 발휘했다.

6기. 1989년 이후: 독일 통일 이후 지구적 과제에 대한 준비

마지막으로 1989년 동독 민주 혁명과 독일 통일에 따라 정치교육 전문가들은 동독 지역 교육 종사자들이 새로운 교육 프로그램을 구상하고 실천하는 것을 보조해야 했다. 동독 주민들은 체제 전환을 개인적으로 경험했을 뿐만 아니라 산업사회의 위기도 겪었다. 그것은 다시금 정치교육에서 문제 중심 즉, 지구적 과제에 대한 준비를 요청했고, 새로운 소통 방식을 반영한 수업 방식과 과정에 대한 경험적 논의를 필요로 했다.

요컨대, 전후 서독 정치교육이 처음부터 이데올로기적 갈등을 겪거나 정치적 대결의 장이 되었던 것은 아니다. 서방 점령군의 '재교육' 맥락에서 정치교육은 반파시즘 민주주의 규범과 제도 학습 교육으로 점차 자리를 잡았지만 냉전과 분단의 맥락에서 반공주의나 반전체주의 체제 유지 교육의 성격을 벗어나지 못했다. 서독 정치 체제의 옹호와 정당성 강화에 초점을 맞춘 서독 정치교육은 1960년대까지 특별한 내홍이나 갈등을 겪지 않은 채 교육학적·철학적 토대를 강화하고 사회과학적 방법론과 주제 영역을 확대할 수 있었다. 하지만 1960년대 후반부터 1970년대 전반기까지 서독 청년 세대의 급진화와 사민당의 약진으로 말미암아 정치교육은 격렬한 대결의 장이 되면서 '합의' 문제가 핵심 과제로 부상했다. 보이텔스바흐 합의를 통해 정치교육이 안정을 되찾자 현실 쟁점 및 일상생활 중심의 주제에 대한 다양한 정치교육이 가능해졌고 각 시기마다 새로운 정치 과제에 조응한 이론과 방법론의 논의가 중심 주제로 발전할 수 있었다.[13] 더불어 학습자들의 능동적인 참여와 주체적인 판단 역량의 강화에 대한 관심도 증대했다.

3) 1970년대 서독 정치교육의 쟁점과 갈등

민주주의 교육과 '학교문화' 발전의 일차적 계기는 1960년대 후반 청년들의 반체제 저항 운동이었다. 1968년 청년 봉기(68운동)의 영향으로 사회 비판과 결부된 정치 토론이 격렬했다. 마침내 추악한 나치 과거사에 대한 비판과 토론이 일었고, 자본주의 사회의 근본적 한계를 지적하는 목소리가 높았다. 그것은 취약한 제도에 그치는 형식적인 민주주의 제도의 한계를 지적하는 흐름으로 이어졌다. 청년과 대학생들은 미국의 베트남 전쟁에 대한 비판과 서독 정부의 긴급법˙

• 긴급법(Notstandsgesetz)은 1968년 5월 30일 연방의회에서 통과되어 그해 6월 말부터 발효된 서독 헌법인 기본법을 일부 수정한 법률이다. 자연재해, 외침(外侵), 내부 소요 등으로 '긴급한 경우' 국가는 시민들의 기본권을 일부 제한할 수 있게 되었다.

도입에 대한 비판과 저항으로 한껏 고양되었다. 인간 해방과 체제 비판을 체계화한 프랑크푸르트학파의 비판이론 도 신좌파의 여러 급진 사상과 함께 수용되었다. 특히 교육 영역에서는 비판이론의 영향으로 비판교육학 관점이 강력해졌다. '모든 사회적 삶의 영역에서의 민주화'를 모토로 내건 비판교육학은 '해방'을 핵심 개념으로 제시했다. 비판교육학은 성숙과 자기결정을 교육의 핵심 전제로 삼고 체제 변혁과 인간 해방을 교육 목표로 정했다.[14]

이런 관점에서 당시 좌파 지식인들과 교육학자들, 특히 헤르만 기에제케Hermann Giesecke와 롤프 슈미더러는 마르크스주의나 비판이론에 의거해 급진적이고 체제 비판적인 교육 이념과 원칙을 제시했다. 당시 대표적인 좌파 교육학자인 기에제케는 국가 제도에 대한 철저한 비판과 거부 및 사회 불평등의 극복과 억압으로부터의 해방을 핵심 내용으로 채운 정치교육을 주장했다.[15] 마르크스주의를 수용한 정치교육 이론가들은 자본주의 모순을 지닌 계급사회에서 정치교육은 지배 체제의 극복을 지향하는 계급투쟁의 도구가 되어야 한다고 주장했다.

이에 반해 보수주의 교육이론가들, 특히 베른하르트 주토어Bernhard Sutor와 클라우스 호르눙Klaus Hornung은 개인의 자유와 권리 및 인간의

• 막스 호르크하이머(Max Horkheimer, 1895-1973), 테오도어 아도르노(Theodor Adorno, 1903-1969), 위르겐 하버마스(Jürgen Habermas, 1929-)를 중심으로 프랑크푸르트의 사회연구소는 산업사회에 대한 비판이론을 발전시켰다. 마르크스주의와 미국의 사회과학과 지그문트 프로이트의 정신분석학을 결합해 현대사회의 다양한 문제점들을 분석하고 비판했다.

존엄에 기반을 둔 '헌법'을 내세워 여타 급진적 교육 이념에 대항했다. 그들은 보수주의적 정치교육 구상에 기초해 서독의 자유민주적 기본 질서를 옹호했으며 개방 사회의 정치교육은 여하한 방식으로든 의식화되어서는 안 된다고 강조했다.[16]

한편, 1969년 서독 정치는 극적인 변화를 맞이했다. 연방의회 선거 결과로 1949년 이후 줄곧 집권했던 보수 정당인 기민련이 마침내 중앙 권력을 잃고 사민당과 자민당의 소연정이 구성되었다. 사민당이 선거 결과에서 기민련을 앞서지는 못했다. 사민당은 42.7%의 지지를 얻어 그 직전 연방의회 선거 때(1965년)보다 3.4%나 높은 지지율을 확보했지만, 기민련이 46.1%를 얻어 제1당의 지위를 유지했다. 다만, 1969년 연방의회 선거에서 5.8%를 얻는 데 그쳐 1965년 때보다 3.7%나 지지율이 하락하는 경험을 하며 정치적 위기를 겪던 소수 정당인 자민당은 기민련을 버리고 사민당과 함께 새로운 정치적 실험에 나서기로 결정했다. 그것은 기민련에게 충격적인 사건이었다. 집권을 의심치 않았던 기민련의 보수 정치가들은 이 소연정을 "빼앗긴 승리" 또는 "유권자에 대한 배신"이라고 부르며 격렬히 비난했다. 사민당과의 연정 구성에 자민당의 일부 의원과 당원들도 반대하며 탈당했다. 소연정이 어렵게 구성되었다. 애초 사민당과 자민당 의원 수를 합쳐도 254석(전체 의석수는 496석: 사민당 224석, 자민당 30석, 기민련 242석)밖에 되지 않았다. 최소 지지(251표)에 기초해 총리가 된 사민당의 빌리 브란트Willy Brandt 내각은 언제든 새로운 선거를 치르지 않고도 전복될 수 있었다. 실제로 곧 자민당 소속 연방의원 4명은 브란트 총리와 발터 쉘Walter Scheel 외상의 동방정책에 반대해 당을 탈당해 기민련으로 넘어갔다. 이와 같은 정치 상황으로 인해 사민당·자민당 연정은 시종 수세적인 위치였거나 불안한 상태였고 기민련은 공세를 높였기에 정부와 야당 간의 정치 대결은 전례 없이 격렬했다. 1972년 4월 27일 기민련이 연방의회에 제출한 총리 불신임안은 부결되었지만 연방의회 선거를 1972년 11월로 앞당기도록 이끌었다.

1972년 11월 선거는 그 어떤 때보다도 정치적으로 격렬했고 감정적 흥분을 수반했다. 교육 정책도 이 선거 국면에서 중요한 역할을 수행했다. 1969년부터 사민당은 이미 포괄적인 교육 개혁을 천명했고 개혁을 본격적으로 수행하기를 원했다. 사민당은 교육을 시민의 권리로 간주해 더 많은 교육 기회를 만들고자 노력했고 교육을 통한 사회 변화에 큰 관심을 가졌다. 그러나 기본적으로 서독의 연방주의 체제에서 교육은 무엇보다 각 주의 권한이 적용되는 영역이었다. 교육은 1969년보다 더 중요한 정치 갈등의 주제가 되었다. 특히 주 차원의 교육 정책은 기민련과 사민당 사이에 사활을 건 투쟁 주제였다.

사민당이 중앙 권력을 안정적으로 재편한 것과는 별도로 각 주의 상황은 진정되지 않았다. 대립적인 정치교육관은 주별 권력 관계에 따라 직접 정치교육의 현장에서 표출되고 반영되었다. 각 주별로 좌파인 사민당이 권력을 장악한 주(헤센, 니더작센, 베를린, 브레멘, 함부르크), 우파인 기민련이나 기사련이 장악한 주(라인란트팔츠, 바덴뷔르템베르크, 슐레스비히홀스타인, 자를란트, 바이에른)가 확연히 나뉘었다. 각 주의 정치교육 기관은 그 권력 관계의 직접적인 영향 아래에 놓였다. 정당의 당파적 입장과 이익에 정치교육 종사자들은 종속될 수밖에 없었다.

게다가 정치교육 책임자와 담당자들도 자신들의 정치적 관점에 따라 교육 내용을 다르게 설정했으니 같은 진영 내에서도 갈등이 적지 않았다. 도처에서 당파 정치적 갈등과 상호 비방이 심했다. 또 1960년대 후반과 1970년대 사민당에서 기민련으로 권력이 바뀐 주(노르트라인베스트팔렌)나 기민련에서 사민당으로 권력이 바뀐 주(니더작센)도 있었기에 상황은 더욱 혼란스러웠다. 전통적으로 사민당이 강력했던 헤센주에서는 사민당 문화정치가들이 이미 급진적 교육 개혁을 앞서 추진하는 상황이었다. 헤센주 정치교육원은 체제 비판과 인간 해방을 내용으로 담은 정치교육 준거안을 발표해 우파 정치가들·학자들·학부모 단체의 격렬한 저항을 불러일으키고 사회적 논쟁을 격발시켰다. 1970년대 전반 정치교육은 점점 더 당파 정치와 이데올로기 투쟁의 도구가 되어 갔다. 곳곳에서 파열음이 발생하고 적대와 갈등이 발생했다. 그런 분란 속에서 정치교육 기관들과 학교는 갈피를 못 잡고 있었다.[17]

2. 보이텔스바흐 합의

1) 발의와 준비

교육 현장의 대결과 혼란을 조정해 보려는 시도는 서독 남부에서 시작되었다. 바덴뷔르템베르크 주정치교육원Landeszentrale für politische Bildung Baden-Württemberg 원장인 지그프리트 실레Siegfried Schiele는 독일의 대표적 교육이론가들을 보이텔스바흐Beutelsbach로 초청해 이틀간 치열하게 논쟁하고 토론하게 했다.[18]

사실, 바덴뷔르템베르크주는 보수 정당인 기민련의 아성이었다. 1953년부터 2011년까지 기민련은 제1당의 지위를 놓친 적이 없고 주지사는 당연히 그 당의 몫이었다. 아울러 주요 공공 기관은 모두 기민련이 장악하고 있었다. 주정치교육원도 마찬가지였다. 1960년대 중후반부터 지속된 청년 세대의 저항과 사민당의 정치적 약진에도 불구하고 바덴뷔르템베르크주는 기민련이 오히려 더 큰 정치적 세를 얻었다. 1972년 주 선거에서 기민련은 역대 최고인 52.9%를 얻어 주의회 전체 120석 중 65석을 차지해 주정부를 단독 운영할 수 있었다. 그러나 바덴뷔르템베르크주의 정치 상황과는 달리 서독 전역은 여전히 좌우 정치 진영의 대결이 격심했고, 그것은 고스란히 정치교육에도 영향을 미쳤다. 무엇인가 근본적 해결책이 필요했지만 갈등이 깊어 누구도 나서기가 쉽지 않았다.

토론회를 발의한 실레는 기민련 당적을 지닌 교육학자이자 문화정치가였다. 그는 튀빙겐 대학교에서 정치학, 역사, 라틴어를 공부하고 교사로 3년 일한 뒤 1970년부터 튀빙겐 대학교의 교사연수 담당 교수를 역임했다. 1974년부터 2년 동안은 주의회에서 기민련 정치가들을 보조하는 문화정치 보좌관으로 일했다. 실레는 30대 후반의 젊은 나이였지만 1976년에 바덴뷔르템베르크주의 정치교육원 원장직

공모에 응해 선정되었다.

사실 실레는 당시 주지사인 한스 필빙어Hans Filbinger와 특별한 친분이 없었다. 게다가 주지사는 자신의 선거를 도운 인물을 그 자리에 앉히려고 마음먹은 터라 실레가 원장직을 차지하기는 쉽지 않았다. 필빙어 주지사는 일종의 '낙하산 인사' 관행을 실천하려고 했던 것이다. 그런데 공모 심사 결과는 예상과 달리 실레가 임명되는 것으로 끝났다. 젊지만 전문 지식과 경험을 가진 실레가 주정치교육원 이사회의 신뢰를 얻었던 것이다. 특히 이사회에는 사민당과 자민당의 정치가들도 함께 소속되어 있었는데, 그들은 지난 2년 동안 실레가 주의회에서 문화정치 참모로 활동했던 것을 잘 알고 있었다. 필빙어 주지사는 이사회의 결정을 뒤집어 소란을 일으킬 생각이 없었기에 실레를 임명하는 데 동의했다. 실레는 자신이 그 일을 잘 수행할 수 있다는 자의식과 자신감으로 충만했다. 능력을 인정받은 실레는 계속 재신임을 얻어 1976년부터 2004년까지 28년 동안 바덴뷔르템베르크 주정치교육원 원장을 역임했다.

바덴뷔르템베르크 주정치교육원은 1972년 1월 25일 주정부령에 의해 설립되었다. 설립 당시에는 주정부 산하 조직으로 편제되어 있었으나, 2013년 5월 1일부터 현재는 주의회의 부속기관이다. 바덴뷔르템베르크 주정치교육원의 전신은 1950년 12월 21일 발족한 '국가의 시민Der Bürger im Staat'이라는 시민단체였다. 그 단체가 주정치교육원으로 발전한 것이다. 바덴뷔르템베르크 주정치교육원은 현재 슈투트가르트에 본부를 두고 있으며 프라이부르크와 하이델베르크에 분소를 두고 있다.

사실 1976년 실레가 주정치교육원 원장이 되었을 때 그곳은 여전히 체계가 잡혀 있지 않았다. 실레는 정치교육 책임자로서 그동안 보고 겪었던 정치교육의 근본적 문제를 해결하고자 했다. 그는 급진 학생 운동과 청년 봉기에 대해 매우 비판적이었고 서독 기본법 질서와 기성 체제를 옹호했으며 인간 해방을 내세운 급진적 정치교육 원칙에 대해 전혀 동의하지 않았다. 하지만 동시에 기민련과 기사련의 보수 진영에서 당연시한 교육의 정치도구화에 대해서도 마찬가지로 비판적이었다. 그는 보수주의자로서 좌파 정치 철학과 급진 사회 비판에 거부감이 강했지만 정치적 타협과 합의의 중요성을 자각하고 있었다. 또 고등학교 교사와 대학 교수로서 역사와 정치 과목을 가르쳐 본 경험, 그리고 문화정치 참모로 활동하며 정치가 이루어지는 과정을 관찰한 경험에 의거해 민주주의의 존속을 위해서는 타협하고 합의를 만들어 나가는 것이 필수적임을 잘 알고 있었다. 그는 학생들이 특정 정치 철학이나 이데올로기의 영향에 그대로 방치되어 있음을 안타깝게 여겨 그것을 극복할 대안으로 '학생 중심'의 교육 방식에 대해 큰 관심을 가졌다. 그렇지만 아직 그는 정치교육과 관련한 이론과 방법에 대해 자신의 견해를 체계적으로 발전시키지는 못했다. 그런 그에게 정치교육을 위한 '합의' 문제에 대해 관심을 갖게 한 결정적인 계기가 닥쳤다. 그것은 좌파 교육 현장이 아니라 오히려 우파 정당의 한 정치교육 토론장이었다.

1976년 바덴뷔르템베르크 주정치교육원장으로 임명되고 난 뒤 실레는 여러 정치교육 현장과 토론회를 방문했다. 그는 특히 한 정치교육 토론회에서 큰 충격을 받았다. 기민련 당원이었기에 자매 정당인 기사련의 한스자이델재단Hans-Seidel Stiftung의 정치교육에 대해서도 관심이 적지 않았던 그는 빌드바트 크로이트Wildbad Kreuth에서 한스자이델재단이 주최한 정치교육 토론회에 참가했다. 정치교육에 대해 보수 정치가들과 정치교육 종사자들이 도대체 어떤 구상을 갖고 있는지를 탐문하고 싶었던 것이다. 그곳에서 그는 보수 진영의 정치교육 종사자들이 행사 내내 교육 내용에 대해서는 거의 논의하지 않고 '우리'가 '프랑크푸르트학파'와 '비판이론'을 어떻게 격퇴시킬 것인지에 대한 정치적 의견만 쏟아 내는 것을 보고 상황의 심각성을 통감했다. 그는 한스자이델재단의 정치교육이 전투적인 당파적 교육관에 물들어 있음에 놀라 이런 문제를 극복해야 한다고 생각했다. 마침 행사장에는 같은 생각을 가진 또 다른 인물이 참가했다. 헤르베르트 슈나이더Herbert Schneider였다.

슈나이더는 하이델베르크 대학교 정치학과의 정치교육 담당 교수였다. 실레와 슈나이더는 정치교육이 정치 투쟁과 당파 이익의 도구가 되어서는 안 되며 초당파적인 역할을 수행해야 한다는 데 의견이 일치했다. 두 사람은 새로운 돌파구가 필요하다고 보고 직접 나서기로 결심했다. 실레는 이 한스자이델재단의 토론회를 보지 않았다면 보이텔스바흐 토론회를 개최할 생각을 못 했을 것이라고 나중에 밝혔다. 그는 그동안 교사로서의 현장 경험과 교육학자로서의 연구 및 정치교육의 책임자로서의 관찰을 통해 학생과 시민들이 스스로 자신의 견해를 세울 수 있도록 보조하면서 다양한 관점들을 접하도록 하는 것의 중요성을 확인했다.

한편, 실레는 토론회 시작 전에 토론 내용을 정리하도록 주정치교육원 직원인 한스게오르크 벨링Hans-Georg Wehling 박사에게 요청했다. 흥미롭게도 벨링은 실레와 슈나이더와는 달리 비판이론과 비판교육학의 영향을 받은 학자였다. 실레와 슈나이더가 보수 우파에 속했다면, 벨링은 당시 급진파의 주장을 수용한 경력이 있었다. 이를테면, 벨링은 1973년의 한 논문에서 당시 대표적인 비판교육학자인 프랑크푸르트의 클라우스 몰렌하워Klaus Mollenhauer에 의거해 정치교육이 막연히 '중립적'일 수는 없으며 체제 유지와 변화 사이에서 입장을 취해야 한다고 강조했다.[19] 벨링은 민주주의 형식과 제도의 규칙이 아니라 '민주화'와 연결된 체제 비판적이고 해방 지향적인 민주주의관을 옹호했다. 다만, 벨링은 이미 1973년에도 정치적 "입장 표명은 의식화와 구분된다."고 말했고 학생들의 의견 형성을 위해 여러 견해들을 개방적으로 소개하고 다룰 필요가 있다고 강조했다. 특히 "학생들에게 자기 생각과 가치관을 강제로 주입하려는 사람은 '성숙'이란 말을 제대로 이해하지 못한 것"이라고 보았다. 벨링은 이미 학생들의 자립적 판단 능력의 함양을 중요하게 보았다. 실레와 벨링은 애초 서로 다른 정치교육관에서 출발했지만 유사한 고민과 성찰을 통해 접점을 가졌던 것이다.

드디어 1976년 11월 19일과 20일 실레가 발의하고 슈나이더가 도운 정치교육 토론회가 보이텔스바흐에서 열렸다. 토론회 제목은

'정치교육의 합의 문제'였다. 실레와 슈나이더는 행사를 준비하면서 교육 원칙의 합의를 이끌어 내려면 가능한 한 다양한 정치 스펙트럼의 대표자들을 초대해 발표하도록 해야 한다고 생각했다. 그럼으로써 토론회는 정치적 균형을 이룰 수 있다고 보았다.

그리하여 5명의 이질적인 정치교육 이론가들이 보이텔스바흐 토론회에 참여해 각기 교육 입장을 발표했다. 좌파를 대표해 롤프 슈미더러, 중도 좌파를 대표해 쿠르트 게르하르트 피셔Kurt Gerhard Fischer, 우파를 위해서는 클라우스 호르눙, 중도 우파를 위해서는 베른하르트 주토어, 마지막으로 중도파의 대표로는 디터 그로서Dieter Grosser가 발표자로 참석했다. 물론, 당시 정치 스펙트럼을 놓고 본다면 더 다양한 학자들도 참석할 필요가 있었다. 볼프강 힐리겐Wolfgang Hilligen이나 베른하르트 클라우센Bernhard Claußen 같은 좌파 이론가들도 무시할 수 없었다. 하지만 주최 측은 발표보다는 토론에 더 큰 무게를 두었다. 실레와 준비 주역들은 발표자가 5명이 넘는다면 집중적으로 토론하는 것이 오히려 어렵다고 보았다. 그들은 정치 스펙트럼의 대표자들을 한 명씩 부르는 것이 더 효과적이라고 보았다. 실레와 슈나이더는 발표자를 5명에 국한했지만 모든 발표자와 참석자들이 서로 존중하며 접근하도록, 즉 '최소합의'를 독려했다.[20]

2) 토론과 '합의'

실레는 자신과 슈나이더가 함께 협의해 초청한 발표자들 중 누구도 개인적으로 잘 알지 못했다. 그렇기에 자신의 초대에 그들이 기꺼운 마음으로 승낙한 것에 놀랐다. 초청받았지만 참석을 거부한 한 명의 예외가 있었다. 헤르만 기에제케도 초대받았지만 사양했다. 이유는 그 토론회의 취지나 필요에 동의하지 않아서가 아니라 당시 그는 어떤 종류의 발표 제안에도 응하지 않는 상황이었기 때문이다. 기에제케는 토론회에 참석하지 않았지만 주최 측의 요구로 추후 논문집에 자신의 입장을 담은 논문을 게재했다.

발표를 의뢰받은 학자들이 보이텔스바흐로 달려온 것은 실레의 명성이나 열정 때문이 아니었다. 그것보다는 모두들 '합의'의 필요성을 절감하고 있었기 때문이다. 그들은 당시까지 정치교육을 둘러싸고 전개된 격렬한 갈등을 더 이상 방치해서는 안 된다는 점에 공감했다. 그들은 나름의 방식으로 교육학적 숙고를 거듭하고 있었고 정치교육의 '합의'에 대해 자신들의 입장을 제출했다.

물론, 발표자 모두가 '합의'를 위한 건설적 제안을 준비하지는 못했다. 이를테면, 우파 교육학자 호르눙은 비판 사회철학의 정치교육에 대해 경계를 놓치지 않았다.[21] 호르눙에 따르면, 체제 비판과 해방 사상에 기초를 둔 정치교육은 경험에 기초를 둔 자유주의적 민주주의가 아니라 메시아적이고 총체적인 민주주의를 내걸기에 결국에는 다원주의적 민주주의를 부정할 뿐이며 진리 독점을 내세운 규범적인 정치적 교조주의로 귀결되어 학교와 교육을 직접적인 정치 도구로 전락시킨다. 호르눙은 그동안 서독 사회가 겪은 정치교육의 갈등 원인을 여전히 비판 사회철학의 교육학적 관점과 인식 탓으로 돌렸다. 그는 아도르노나 하버마스 같은 사회철학자들이 내건 '해방'이나 '민주화'는 마르크스주의의 총체성 관념에 물든 것이며 그런 사회철학을 품은 좌파 교육학자들이 교육을 전체 사회의 급진적 변화를위한 도구로 삼고자 한다면 정치교육에서 어떤 '합의'도 불가능하다고 주장했다. 호르눙에 따르면, 서독 기본법이 지향하는 '개방적'이고 '다원주의'적인 민주주의 사회는 그와 같은 폐쇄적인 사회관과 전체주의 국가관과 조응할 수 없다. '해방'과 '민주화', 또는 '역사 법칙'과 '총체적 민주주의' 같은 개념에 의지하는 교조적 정치교육은 자유주의·다원주의와 법치국가 및 사회국가 질서와 충돌한다는 것이다.

호르눙은 현상 수호 내지 체제 옹호라는 비난이나 "오해를 피하기위해" 비판철학과 좌파 교육학이 지향하는 "절대 혁명"의 유토피아를폐기한다고 해서 그것이 곧장 사회 개혁이나 변화를 포기하는 것이아님을 강조했다. 오히려 그는 제도의 지속적인 변화를 통한 유지야말로 현실 정치의 과제라고 강조했다. 그렇기에 호르눙에 따르면, 자유민주주의는 체제를 전면 해체하는 것이 아니라 체제 유지의 윤리와그것을 보증하는 정치 질서를 필요로 한다. 호르눙은 정치교육이 바로 그런 정치 윤리와 질서의 유지에 복무해야 하는 것으로 보았다.

그렇기에 호르눙의 발표는 원래의 토론회 취지에 제대로 부합하지는 못했다. 그는 좌파들이 혁신하지 않으면 '합의'가 불가능하다는것을 강조했다. 그는 비판철학에 의거한 좌파 정치교육을 비판하며자유민주주의에서 교육에 대한 '합의'를 이루어 내려면 일면적이고폐쇄적인 교조적 정치화를 극복해야 함을 강조했을 뿐이다. 즉, 정치교육에 대한 '합의'를 위해서 결코 받아들일 수 없는 '선'을 제시했다. 호르눙은 정치교육에서 '합의'가 이루어지지 못한 책임을 좌파들에게 돌리며 기왕의 논쟁을 되풀이한 셈이다.

다만, 호르눙의 주장은 '합의'의 제1원칙인 '강압 금지'에 일정하게 반영되었다. 물론, 나중에 실제로 발표된 강압 금지 원칙에는 단순히 비판이론에 의거한 '해방' 지향 교육의 강제 주입뿐만 아니라 체제 수호나 변화 거부의 교육 내용을 일방적으로 주입하는 것도 포함된다.

이에 반해 중도 우파에 속하는 베른하르트 주토어는 주로 서독 헌법인 기본법에서 '합의'의 근간을 찾는 데 주력했다.[22] 주토어는 호르눙과 마찬가지로 당시 좌파 정치교육학자들의 입장을 비판했다. 그는 힐리겐이나 기에제케 같은 이들이 기본법을 '형식민주주의'의 규범에 그치는 것이고 내용상의 '합의'를 이끌지 못한다고 보는 것에 대해 비판적이었다. 주토어는 민주주의 사회에서 정치교육의 '최소 합의'는 무엇보다 헌법에 기초를 두어야 한다고 강조했다. 물론, 주토어는 정치교육을 위해서는 헌법 규범만으로는 충분하지 않다고 보았고 기본법에서 곧장 정치교육 프로그램이 생겨날 수 없다는 것도 인정했다. 그렇기에 주토어는 정치교육의 목적을 "가능한 한 편견 없는 정보와 양심적인 판단 능력과 책임 있는 결정을 통해 정치 참여를 위한 능력과 의지를" 함양하는 것이라고 보았다. 바로 이 점에서 주토어의 입장은 나머지 발제자들의 '학생 중심' 원칙과 조응한다.

하지만 주토어의 발제에서 더 인상적인 것은 정치교육을 특정 정치 입장에 갇히지 않게 열어 둔 것이다. 주토어는 논쟁적인 입장들을 둘러싼 대결에 대해서는 그것이 수업에서도 반영되고 재현되어야 한다는 입장을 밝혔다. 우파 교육학자로서 주토어는 기본법을 내세우긴 했지만 개방적인 논의를 수용하며 서로 이질적인 견해들의 경합을 옹호하였기에 토론이 파국으로 치닫는 것을 막은 공헌을 한 셈이었다.

중도파로 여겨진 교육학자들이 수행한 역할은 두 가지였다. 먼저, 그들은 정치교육의 내용을 '자유주의적 민주주의'라는 정치 질서나 기본법에 의거해 규정하려는 우파 교육학자들의 입장을 부분적으로 수용하면서도 그것이 체제 변화나 비판을 봉쇄해서는 안 된다는 점을 시종 강조했다. 둘째, 중도파는 다양한 의견들의 존중과 논쟁과 토론의 중요성 및 학생 중심의 교육 원칙을 부각했다.

먼저, 중도 좌파 쿠르트 게르하르트 피셔는 최소한의 보편적인 공유 원칙이 없다면 어떤 사회도 존속할 수 없다고 인정했다.[23] 그는 보편적으로 인정되고 공유되는 믿음을 통해 실용적인 규칙이 생겨날 수 있다고 보았다. 피셔는 거리에서 지켜야 할 교통 규칙처럼 모두가 인정하고 존중해야 할 정치적 보편 규칙의 존재를 인정했다. 다만, 그는 헌법, 즉 서독의 기본법은 '정치적' 타협의 결과이고 '특정한 일회적 역사적 상황 속에서 생겨났음'을 강조했다. 그는 기본법이 독일 역사상 가장 훌륭한 헌법임을 부정하지 않지만 기본법에 대한 해석은 여전히 차이가 있을 수 있고 정치 질서에 대한 새로운 논의도 가능하며 필요하다고 보았다. 즉, 그는 기본법에 대한 해석은 이론이나 견해에 따라 얼마든지 다를 수 있고 다양한 해석을 필요로 한다고 생각했다. 오히려 역사적 경험에 의거해 만들어진 기본법의 문구에 기계적으로 매달려 새로운 현실에 대한 다양한 해석과 입장 발현의 자유를 억제하거나 개방적인 사유를 금지하는 것 자체가 기본법에 위배된다고 보았다. 피셔가 보기에, 기본법을 고정적인 정전으로 이해하고 생각이 다른 사람들을 차별하거나 배제하는 것은 민주주의 사회에서 적절하지 못하며 오히려 위험한 일이었다.

그는 합의 문제를 기본법으로 환원하는 일은 현명하지 못하다고 보았다. 기본법의 규정이나 제도적 규칙 학습으로만 정치교육을 규정하면 비성찰적인 복종을 이끌거나 이견을 가진 사람들을 배제하는 것으로 귀결되기 때문이다. 그는 기본법이 특정 종교나 정치 철학, 또는 인간관이나 이데올로기에 기초한 것이 아니기에 기본법이 전제하는 다원주의는 결국 경험적 논의, 즉 논쟁과 토론의 결과이어야 한다고 보았다. 그런 점에서 피셔는 학자들이나 정치가들 사이에서 논쟁적인 주제나 입장은 학교의 수업에서 학생들에게도 토론되어야 한다고 강조했다.

중도파의 대변가로 여겨 초대되었던 디터 그로서도 토론에서 중요한 역할을 수행했다.[24] 그는 합의를 위해서는 자유민주주의 기본 질서에 동의하는 모든 정당들이 수용하는 구속력 있는 국가적 목표 설정이 명확해져야 함을 인정했다. 하지만 그는 중요한 정치적 문제들에 대한 논쟁이 수업에서도 다루어져야 하고, 그 논쟁을 통해 학생들이 자립적으로 합리적인 판단력을 기르는 것이 정치교육에서 달성되어야 할 '최소합의'의 핵심임을 강조했다. 이때 그는 서독 기본법에 대한 해석과 관련해서도 정치교육을 통해 학생들에게 특정 견해를 강제하려고 해서는 안 된다고 밝혔다. 학생들 스스로 다양한 견해를 가질 수 있도록 보조하는 것이 더 중요했다. 그런 관점을 통해 그로서는, 뒤에서 보게 될 슈미더러의 '학생 중심의 관점'과 완전히 조응했다. 그리하여 중도 좌파 피셔와 중도파 그로서는, 그리고 좌파인 슈미더러도, 서독 헌정 질서와 기본법을 내세워 합의의 정치적 원리를 찾아보려던 우파 대변가들을 완전히 배척하지 않으면서도 그것을 견제했고, 동시에 초점을 학생들의 자립적인 판단력 형성의 문제로 전환해 '최소합의'의 새로운 교육적 기반을 마련할 수 있었다. 물론, 그 과정에서 애초 비판이론에 의지했던 '해방' 개념에 의거하거나 '실천' 지향적인 급진 교육 이념은 '최소합의'를 위해 뒤로 물려졌다.

5명의 발제자 외에, 대표적 좌파 교육이론가에 속하는 기에제케도 나중에 기고문을 따로 보냈다.[25] 그것은 다양한 입장을 소개하려던 실레와 슈나이더의 계획에 따라 책에 실렸다. 사실 기에제케는 좌파라고 간주되었지만 1970년대에 들어서는 계속 다원주의적 교육관을 대변했다. 기에제케는 기고문을 통해 애초의 '해방' 지향적 교육관을 뒤로 물리고 다원주의적 합의의 가능성을 제시했다.

그럼에도 불구하고 '합의'를 이끈 가장 결정적인 공헌은 좌파 교육학자로 간주되어 초대받은 슈미더러였다. 그는 사회와 기성 질서 비판을 정치교육의 전면에 내걸었던 입장을 수정해 '학생 중심'의 관점을 가장 적극적으로 강조했다.[26] 발제와 토론 과정에서 슈미더러는 자신의 정치적 입장, 즉 사회 해방 지향의 관점을 포기할 생각이 없음을 보였지만 그것을 정치교육에 그대로 적용하면 학생들을 사회 변혁을 위한 도구로 보는 위험한 함정에 빠질 수 있음을 인정했다. 그는 정치교육에서 사회 비판과 기성 질서에 대한 저항을 강조하는 것이 자칫 학생들에게 교사가 정치 신념을 강제하는 일이 될 수 있음을 간파했다. 그는 사회 비판을 수행하던 사회과학자로서의 역할을 접고 학생을 중심에 두고 교육 문제를 보는 교육학자의 입장으로 전환했다.

이 '정치교육의 교육학적 회귀'로 슈미더러는 보이텔스바흐에서 여타 이론가들이 합의할 수 있는 가장 결정적인 거점을 제공했다.[27] 서독 기본법이나 민주주의 규범을 내세워 '합의'를 찾아보려던 우파 참석자들도 학생 중심의 관점에 대해 달리 이견을 내세울 수 없었다. 아울러 보이텔스바흐의 정치교육 토론은 격렬한 이데올로기적 대결이나 교육 이념의 차이를 드러내는 갈등의 장을 피할 수 있었다. 학생 중심의 관점은 교사와의 관계를 새롭게 설정할 필요를 제기했고, 학생들의 정치적 지적 '성숙'이 정치교육의 핵심 주제로 자리 잡을 수 있었다.

발표와 토론은 진중하게 이어졌고 접점이 조금씩 드러났다. 하지만 토론회는 사실 '합의'를 만들지 못했다. 정치교육의 내용 및 방향에 대해서 견해가 모아질 수 없었기 때문이다. 다만, 최소합의로 교육 실천 시의 규칙 같은 것이 공유되었다. 이제 양극화된 정치 입장 사이에 일종의 가교가 마련된 셈이었다. 정치교육의 기본 방향과 내용에 대해서는 여전히 이견이 컸지만 그것을 어떻게 실천할지의 규칙에 대해서는 합의를 이루었다. 물론, 그 '합의'도 토론회 말미에 선언되거나 행사 끝에 발표된 것도 아니었다. 나중에 그 토론회의 결과물이 책으로 발간되었을 때 참석자들 중 누구도 이견을 제기하지 않았기에 '합의'라고 조심스럽게 부를 수 있었다.

토론회가 열린 지 1년 뒤인 1977년 실레와 슈나이더와 벨링은 보이텔스바흐 토론회의 발표문을 수정 보완한 기고문들과 벨링의 정리글을 편집해 단행본으로 발표했다. 이때 벨링은 토론을 요약하는 데 그치지 않고 자신의 관점에 의거해 정리했다. 핵심은 정치교육의 도구화를 피하고 학생 중심의 교육 원칙을 잡는 것이었다. 정치교육은 학생들을 당파 정치의 도구로 삼지 말고 그들의 성숙 가능성과 비판 능력에 기초해 자립적인 견해를 가질 수 있도록 안내해야 하는 것이라는 관점이 확인되었다. 벨링이 '보이텔스바흐 합의'라는 말을 쓰기는 했지만 세 원칙을 그렇게 규정한 것은 아니었다.[28] 언제 누가 그렇게 규정했는지도 불분명하다. 독일 정치교육 종사자들이 '보이텔스바흐 합의'라는 말을 점차 사용하기 시작했을 때조차도 발표자 중 한 사람이었던 주토어는 실레에게 "우리는 보이텔스바흐에서 어떤 합의도 하지 않았잖아요. 그것은 협약이 아닙니다."라고 발을 뺐다. 실레도 "그렇죠. 협약이 아니지요. 저도 그렇게 선언한 것이 아니에요. 어떤 것도 결의되지는 않았습니다."라고 답했다. 하지만 누구도 그것이 '합의'로 광범위하게 수용되는 현실을 부정할 수 없었다.

애초 토론회 발의자들이 주장하거나 관철하려고 하지 않았음에도 불구하고 '보이텔스바흐 합의'는 정착되었다.[29] 일단 1977년 발제문과 벨링의 글이 책으로 발간되었을 때 누구도 이의를 제기하지 않았을 뿐만 아니라 모두들 환영과 감사를 표했다. 1978년 뮐하우젠에서 두 번째 토론회가 열렸을 때에도 참석자들은 '보이텔스바흐 합의'라는 말을 사용하지 않았고, 세 원칙을 합의의 내용으로 의식하지도 못했다. 실레 자신도 그것을 억지로 관철시킬 생각이 없었다. 1980년대 초에 베를린 자유대학 정치학과가 처음으로 '보이텔스바흐 합의'라는 말을 공식적으로 사용했다. 그 후 1980년대에 보이텔스바흐의 세 원칙은 정치교육 현장에서 점차 자연스럽게 인정되었고, 정치교육을 둘러싸고 문제가 발생하면 항상 '보이텔스바흐 합의'에 의지하자는 말들이 이어졌다.

'보이텔스바흐 합의'는 세 원칙으로 구성되었다.

먼저, '강압 금지'에 대한 합의가 이루어졌다. '올바른 견해'라는 이름으로 학생과 학습자들을 제압한다거나 그들의 자립적인 판단 능력을 방해하는 것은 허용되지 않는다는 것이다. 특정 견해를 강압하는 의식화는 교사의 자율적 역할과 학생들의 정신적 성숙에 모순된다는 것이다. 학생과 시민들을 정신적으로 미성숙한 훈육 대상으로 봐서는 안 되고 주체적 인지와 사유 능력을 갖춘 주체로 보자는 것이다.

이 원칙은 보이텔스바흐에서 처음 등장한 것이 아니었다. 이미 그 이전에도 일부 학자들이 주장했다. 물론, 강압이나 제압이란 말을 발제자들이 문자 그대로 언급하지는 않았다. 토론회에서 그 말을 사용한 이는 벨링이었다. 하지만 그 용어에 대해 누구도 이의를 제기하지 않았다. 그렇기에 이 강압 금지 원칙은 처음부터 가장 큰 성과를 보였다. 이미 1977년 토론회 결과가 책으로 발간되었을 때 편집인인 실레가 서문에서 밝힌 유일한 '합의' 내용이었다. 그에 반해 뒤의 두 원칙은 토론자들의 발언에 의거해 벨링이 발전시킨 원칙이었다. 하지만 그 책의 기고자들 누구도 그것에 이의를 제기하지 않았기에 점차 '합의' 내용으로 인정되었다.

두 번째 합의는 '논쟁성 원칙'이다. 학문과 정치에서 다투는 쟁점들은 학교의 수업에서도 논쟁적으로 재현되어야 한다는 말이다. 이미 토론 과정에서 중도파인 피셔나 그로서뿐만 아니라 우파인 주토어 또한 적극적으로 주장한 원칙이었다. 좌파를 대변해 참석했던 슈미더러도 그것에 주목했다. 첫 번째 원칙의 자연스런 귀결이기도 했다. 당시 서독의 정치교육 담당자들은 만약 정치와 학문의 논쟁점들이 교육 현장에서 배제되고 선택과 대안적 사유의 가능성이 사라지면 오히려 특정 이념의 의식화로 가는 길이 열리는 것으로 보았다.

흔히 학문이나 정치에서 논쟁이 되는 주제들은 그것을 둘러싼 여러 이견이 있으므로 학교에서 다루기가 골치 아프다고 여겨졌다. 아예 청소년 교육에서 그것을 빼려고 하는 경향도 존재한다. 그렇게 하면, 결국 특정 견해가 뒷문으로 들어오거나 교사나 학교의 일방적 영향력에 학생들은 오히려 속수무책이 되기 쉽다. 학문적으로나 정치적으로 논쟁이 되고 있는 주제들은 학교 교실에서도 제대로 소개하고 분석적으로 다루어야만 특정 이념이나 주장에 맹목적으로 빠지는 것을 막을 수 있다는 생각이다.

　마지막으로 '학습자 이익 상관성 원칙'이다. 학습자(학생) 중심 원칙
이라고도 불린다. 학생들은 정치 상황과 자신의 이익 상태를 분석할
능력을 가질 수 있도록 안내되어야 한다는 것이다. 정치교육은 추상
적이거나 공허한 내용을 다루는 게 아니라 학습자의 삶을 이해하고
분석할 수 있도록 보조해 주어야 한다. 정치적 판단 역량은 인지 역
량에서 출발한다. 아울러 교육 내용은 학습자의 이익을 증진할 수 있
는 행위 가능성과 관련 있어야 한다는 것이다. 정치교육은 학습자의
정치 참여와 실천을 보조해야 한다. 학생들의 정치적 주체화야말로
정치교육의 본령이기 때문이다. 그런 의미에서 이 원칙은 나중에 정
치 참여 역량 또는 행위 역량 원칙이라고도 불린다.

　보이텔스바흐 합의는 학문적 내용의 일치 선언도 아니었고 법적
구속력이 있는 정치 결정도 아니었다. 다만, 정치교육의 대표 이론가
들이 가슴을 열고 신중하게 마련한 민주적 토론문화의 찬연한 성취
였다. 그러니 그것은 정치나 교육의 권력자들이 떠들썩하게 과시한
법적 협약보다도 더 큰 공명을 얻을 수 있었다.[30]

3) 비판과 수용

　실레와 바덴뷔르템베르크 주정치교육원은 1976년 11월의 그 역
사적인 토론회를 언론에 홍보하지도 않았고 그 결과를 선전하지도
않았다. 당시 그들은 합의를 기대하긴 했지만 실제로 합의가 이루어

질지에 대해서는 자신이 없었다. 게다가 그들은 행사 준비에 바빠 언론 홍보까지 챙길 시간도 정신도 없었다. 1977년 토론회의 결과가 책으로 발간된 뒤에도 실레는 홍보 활동을 따로 전개하지 않았다. 실레의 말에 따르면, 애초 10년 동안 바덴뷔르템베르크 주정치교육원은 보이텔스바흐 합의를 적극 알리기 위해 특별한 활동을 시도하지 않았다. '합의'가 독일에서 확산되고 공유된 것은 내용의 설득력 때문이지 홍보의 결과가 아니었다.

최근 보이텔스바흐 합의 40주년을 맞아 여러 학자들이 강조했듯이, '합의'는 사실 갑자기 '발명'된 것이 아니었다.[31] 특히 앞의 두 원칙은 이미 바이마르공화국 시기 정치교육에서도 매우 주목받은 것이었다. 바이마르공화국 시기에도 이미 일부 교육학자들과 교사들은 정치교육이 당파교육이 되어서는 안 되며 정치와 경제와 관련 있는 현실의 쟁점들이 수업에서도 잘 재생되어야 한다고 강조했다.

1950년대와 1960년대에는 정치학자들이 정치교육의 내용과 방법에 대해 논의를 주도했다. 그중 아놀트 베르그슈트라에세Arnold Bergstraesser, 테오도어 에셴부르크, 에른스트 프랭켈Ernst Fraenkel, 칼 요아힘 프리드리히Carl Joachim Friedrich, 게르하르트 라이프홀츠Gerhard Leibholz와 오토 슈탐머Otto Stammer 같은 정치학자 들은 학생들에 대한 의식화의

---

* 이들은 모두 전후 서독에서 정치학 또는 사회학을 창시한 학자들이다. 나치 시기 박해를 피해 미국에 망명하거나 조용히 지냈던 이들은 미국식 사회과학을 도입하는 데 결정적인 공헌을 했다. 아놀트 베르그슈트라에세(1898-1964)는 프라이부르크 대학 정치학과 교수, 테오도어 에셴부르크(1904-1999)는 튀빙겐 대학 정치학과 교수, 에른스트 프랭켈(1898-1975)은 베를린 자유대학 정치학과 교수, 게르하르트 라이프홀츠(1901-1988)는 괴팅겐 대학 정치학과 교수, 오토 슈탐머(1900-1978)는 베를린 자유대학 사회학과 교수였다.

금지와 학생들의 자립적인 판단력의 함양을 강조했다.[32] 특히 에셴부르크와 프랭켈은 논쟁성을 정치교육의 주요 원칙으로 주목했다. 민주주의가 다원주의에 기초해 있으며 논쟁을 필수적으로 수반한다면 민주주의 사회에서는 정치교육도 논쟁성을 핵심 원칙으로 삼아야 한다는 주장은 빠르게 정착되었다. 요컨대, 보이텔스바흐 합의 이전에 이미 그것의 전사 내지 전통이 따로 존재했다. 그것은 보이텔스바흐 합의가 정치교육 전문가들에게 자연스럽게 수용된 배경이기도 했다.

'보이텔스바흐 합의'로 정치교육을 둘러싼 이데올로기 갈등이 순식간에 사라진 것은 아니다. 실레와 바덴뷔르템베르크 주정치교육원은 정치교육의 '합의'에 대해 정례 토론회를 개최했다. 특히 1980년대 후반부터 그들은 2~3년마다 정례 토론회를 열어 정치교육 이론가들과 담당자들의 논쟁과 토론의 장을 마련했다. 토론 주제는 다양했지만 정치교육의 기본 원칙과 합의 문제가 항상 중요한 관심사였다. 1978년 11월 10일과 11일에는 '가족: 규범과 가치의 매개'라는 제목으로 토론회가 열렸고, 1986년 11월 28일~30일에는 '정치교육에서의 합의와 이견'에 대해 토론회가 열렸다. 이어 1990년 11월 23일~25일 '정치교육에서의 이성과 감정 문제'에 대해, 1993년 2월 18일~20일 '정치교육 목표로서의 헌법애국주의'에 대해, 1996년 2월 26일~28일 '보이텔스바흐 합의는 충분한가'에 대해 토론했다.

정례 토론회를 통해 실레와 바덴뷔르템베르크 주정치교육원은 독일 정치교육의 메카로 자리 잡았다. 현재 바덴뷔르템베르크 주정치교육원은 직원 수 90명으로 독일의 주정치교육원 중에서 가장 큰 규모를 자랑한다. 아울러 유럽과 세계 각지로부터 큰 관심을 받고 있다. 그들은 자신들의 역사에서 보이텔스바흐 합의를 가장 자랑할 만한 성과로 간주한다. 바덴뷔르템베르크 정치교육원의 홈페이지에는 보이텔스바흐 합의 세 원칙이 독일어 외에도 영어, 불어, 이탈리아어, 스페인어 등 4개 외국어로 번역되어 실려 있다.[33]

보이텔스바흐 합의 세 원칙에 대해서 비판도 없지 않았다.[34] 수정이나 보완을 요청하는 의견도 줄기찼다. 먼저, 큰 논란이 일었던 것은 제1원칙과 제2원칙에 모두 걸리는 문제였다. 즉, 교사의 역할이 수동적이라는 비판이었다. 강압 금지나 논쟁성 원칙은 교사의 능동적 역할을 축소하고 '중립성'이라는 이름으로 자신의 정치적 역할을 후퇴시키지는 않을까 하는 우려였다. 만약 '논쟁성'이 그저 교육의 '중립성'을 뜻하는 것으로 이해된다면, 그것은 결국 학생들을 탈정치화로 이끌 수 있을 것이라는 비판이었다. 정치에 대해 관심이 부족하거나 비정치적인 학생들과 학습자들에게 서로 대립되는 견해를 '중립적으로' 안내하는 일은 오히려 정치적 냉소주의를 초래하고 흥미를 반감시키는 결과를 이끌 수 있다는 주장이었다. 아울러 정치교육 수행자가 시사 주제나 정치 논쟁에 대해 자신의 견해를 밝히는 것이 오히려 학습자들이 자신의 견해와 입장을 세우는 데 도움이 될 수 있다는 견해도 강했다. 교육자가 입장과 견해를 어떻게 세우고 논증하는지를 봄으로써 학습자들도 스스로 판단 능력을 키우고 의견 형성 방식을 습득할 수 있다는 것이다.

게다가 정치교육은 불균형한 권력관계의 현실과 불평등한 의견 발현의 상황을 무시한 채 진행될 수 없다. 이를테면, 의회와 정당 주변에는 로비스트들이 넘쳐나고 그들은 다양한 방식으로 자신들의 이익과 주장을 관철시키고자 한다. 그들의 입장과 견해는 흔히 권력 기관이나 정치가들, 또는 언론을 통해 손쉽고 광범위하게 유포되고 확산된다. 이에 반해 지배 엘리트 집단들이 대변하는 견해에 맞서는 대안 세력이나 소수자들의 견해는 주목받기 쉽지 않다. 그럴 때 주류 견해와 비판 입장을 기계적으로 병치시키는 것이 과연 논쟁성의 방식일지도 의문이다. 그런 점에서 정치교육이 불평등한 여론 형성의 조건을 무시해서는 안 된다는 주장이 설득력을 얻었다. 특히 정치교육이 지배적 견해에 맞서는 비판적 대항 여론의 형성에도 기여해야 한다는 주장이 강했다.

이 비판들을 반박하기는 쉽지 않다. 하지만 강압 금지와 논쟁성은 기본 원칙의 문제이기에 그것 자체가 수정될 필요는 없었다. 교육 대상에 따라서 적용 방식이 다를 필요가 있다는 것은 널리 인정되었다. 이미 '정치적인' 학습자와 여전히 '비정치적인' 학습자는 정치교육을 대하는 태도와 기대가 다르다. 대상과 상황에 따라 논쟁성의 구체적인 방식과 과정은 얼마든지 다를 수 있다. 실레는 다양한 교육 도구나 방법으로 정치에 무관심한 시민과 학생들의 관심을 유발할 필요를 강조했다. 이때 그는 '논쟁'은 오히려 그들의 흥미를 불러일으킬 수 있다고 전제했다.

뒤이은 수년간의 토론에서 강압 금지를 교사의 수동적 중립성으로 이해할 수 없다는 데 의견이 모였다. 교육자가 자신의 생각을 밝히는 것과 자신의 견해를 학생들에게 주입하는 것은 서로 다른 차원의 문제라는 것이다. 교육자는 어떤 경우에도 강압적으로 자신의 정치 견해를 강제해서는 안 되지만 교육적 차원의 필요와 상황에 따라 자기 견해를 밝힐 수 있다. 때로는 교육자의 적극적인 개입과 견해 표명이 필요하다. 문제는 언제 어떻게 어떤 방식으로 교육자가 학습자들에게 자기 정치 견해를 밝힐 수 있는지, 그리고 밝혀야 하는지를 다양하게 살펴 연구하고 토론하는 것이다. 보이텔스바흐 합의는 이 문제에 대해 명확한 방향이나 결론을 제시하지 않았을 뿐이다. 이론과 실제 모두에서 더 많은 연구와 토론이 필요하다. 강압 금지와 논쟁성 원칙을 수정할 문제가 아니다.

또 다른 비판은 '학습자 이익 상관성'이라는 제3원칙의 모호성과 위험성에 대한 것이었다. 정치교육에서 학습자의 이해관계를 내세우는 것이 개인의 협애한 이익에 대한 관심으로 한정될 우려가 있다는 것이다. 개인의 이익을 넘어서는 공동체의 공익에 대한 관심 및 타자에 대한 배려가 배제된다는 비판이었다. 게다가 제3원칙이 단순히 행동의 잠재력을 지향하는 것이지 실제로는 정치 참여와 권력 비판의 차원을 배제하고 있다는 비판도 적지 않았다.

민주주의 사회라면 자신의 이익을 추구하는 일이 이미 타인의 이익을 고려하지 않을 수 없음에 유의할 필요가 있다. 그렇기에 제3원칙에서 정치교육이 학습자의 자기 이익 실현을 보조하는 것이라고 해서 그것이 곧장 개인의 적나라한 이기적 이익을 옹호하는 것이라고 보기는 어렵다. 현실과 이익에 대한 관심이 정치 참여의 계기가 되는 것은 그 자체로 유익하고 정당하다. 공익이나 공동체에 대한 관심도 이미 제3원칙의 본래 의미에 충실하면서 충분히 끌어올릴 수 있다는 반론은 적절하다. 오히려 제3원칙으로 학습자들은 현실세계와 일상문화와의 연관 속에서 정치에 대한 관심과 참여 의지를 발전시킬 수 있다. 아울러 정치 참여가 정치교육의 목적임은 분명하지만 학생 중심에 기초한 교육 원칙을 부정하는 것은 아니다. 오히려 정치 상황과 사회 현실에 기초해 자신의 이익을 분석하고 이해할 줄 알아야 판단력을 갖춘 책임 있는 정치 주체로서 능동적인 시민이 될 수 있다. 그런 점에서 이 제3원칙은 오히려 공적인 정치 행위와 사회 참여를 가로막는 것이 아니라 그것의 진정한 출발이자 동력이 될 수 있다.

그리하여 보이텔스바흐 합의에 대한 여러 비판은 경청할 만했지만 수정 요구들이 설득력을 얻지는 못했다. 이유는 실레의 말대로, 세 원칙 안에 이미 가장 중요하고 근본적인 내용들이 모두 담겨 있었기 때문이다. 시대 상황이나 교육 여건의 변화에 따라 필요한 경우에는 그것에서 여타 논의들을 발전시켜 확장할 수도 있기 때문이다.[35] 결국, 보이텔스바흐 합의는 1980년대 중반 이후 서독 학교 현장에서 점차 수용되었다. 보이텔스바흐 합의는 학교 바깥 공공 교육 기관의 정치교육에 대한 기본 원칙으로도 정착되었다. 그 후 정치교육에서 일방적인 의식화와 정치적 도구화에 대한 비판은 상식이 되었고 그 원칙을 반영한 교육 내용과 방법에 대한 토론이 이어졌다. 보이텔스바흐 합의는 정치교육의 원칙이 되었기에 학교나 공적 영역의 교육 현장에서 정치적 일방성과 도구화를 막는 방어 장치이자 규범으로 발전했다. 정치교육원과 학교에서 정치교육을 둘러싼 논쟁과 갈등이 발생하면 모두들 가장 먼저 보이텔스바흐 합의 원칙에서 해결책을 찾았다.

더욱이 통일 후 동독 지역이 체제 전환을 겪으면서 민주주의 정치문화를 받아들였을 때 보이텔스바흐 합의는 중요한 역할을 수행했다. 처음에 보이텔스바흐 합의의 원칙들은 비정치적인 '중립적' 수업을 권장하는 것으로 오해받았다.[36] 그러나 보이텔스바흐 합의의 원칙들은 오랜 공산주의 체제의 이데올로기 교육을 극복할 새로운 정치교육의 전망을 제시했다. 보이텔스바흐 합의는 동독 지역에 만연한 정치교육에 대한 불신과 의구심을 극복할 수 있는 신뢰의 기반을 제공했다.[37] 동독 지역의 각 주정치교육원과 학교는 정치교육과 관련한 수많은 자료들을 서독의 정치교육원, 특히 연방정치교육원과 바덴뷔르템베르크 주정치교육원으로부터 제공받았다.

보이텔스바흐 합의는 독일 경험에 기초했지만 정치교육과 역사교육을 둘러싸고 갈등을 심각하게 겪고 있는 모든 민주주의 사회에서 갈등 조정과 합의 모델로 수용될 수 있다. 사실 보이텔스바흐 합의의 내용 자체는 아주 특별하거나 완전히 새롭지 않다. 여타 민주주의 사회의 시민교육 강령에서도 유사한 원칙을 쉽게 찾을 수 있다.[38] 그것이 보이텔스바흐 합의의 영향일 때도 있지만 독자적인 발전을 통해 같은 교육 원칙에 도달한 곳도 있다. 오스트리아는 보이텔스바흐 합의를 수용해 교육부의 정치교육 '기본 원칙'에 그 세 원칙을 그대로 담았다.[39] 스위스에서도 보이텔스바흐 합의는 그 의미를 인정받아 수용되고 있다.[40] 미국에서는 1976년 존 듀이John Dewey의 고전 저작 『민주주의와 교육』1916 발간 60년을 맞아 전국사회과회의National Council of Social Studies는 대토론회를 개최해 사회과 교육의 핵심 문제인 교화와 논쟁성 문제를 다루었다. 1977년에 발간된 「시민교육 보고서」는 보이텔스바흐 합의와 유사한 내용을 담았다.[41] 영국은 「크릭 보고서 Crick Report」1998, 옥스팜Oxfam 「세계시민교육 보고서」와 시민교육위원회 Association of Citizenship의 「'논쟁적 주제 가르치기' 보고서」 등을 통해 유사한 흐름을 보였다.[42] 유럽평의회도 최근 민주시민교육을 독려하면서 「논쟁성과 함께 살아가기, 논쟁적 주제 가르치기」라는 보고서를 발간했다.[43] 위 보고서들은 보이텔스바흐 합의 내용보다 매우 구체적이고 실용적인 차원까지 담고 있다.

사실 40년 전의 '최소합의'로 등장한 간결한 원칙보다 최근의 여러 민주시민교육 강령들이 더 풍부한 내용을 갖춘 것은 이상하지 않다. 그동안 민주시민교육의 이론 발전과 경험 축적을 고려하면 그것은 너무나 당연하다. 그렇지만 보이텔스바흐 합의는 원칙의 내용보다 그 '합의'의 중요성을 더 부각시킨 예였다. 그런 점에서 보면 보이텔스바흐 합의는 민주시민교육의 어떤 다른 규약이나 강령보다 더 흥미롭고 여전히 유익하다.

3. '최소합의'의 큰 의의

보이텔스바흐 합의는 절묘했다. 양면적이고 복합적이라는 의미에서 그렇다. 한편으로 그것은 우파와 중도파의 정치교육학자들이 급진 비판과 사회 해방 지향의 교육 이념을 저지하면서 좌파와의 충돌을 조정할 방법으로 등장했다. 물론, 애초 좌파에 속했던 정치교육 이론가들의 '교육학적 전환'과 '실용주의적 전환'도 중요하다. 하지만 실례의 관점에서 보면, 보이텔스바흐 합의는 좌파의 급진 교육이론에 대한 응수였다. 정치교육의 핵심 원칙이 좌파들이 오랫동안 붙들고 있던 체제 '비판'이나 인간 '해방'이 아니라 '학생(학습자) 중심'과 자립적 판단 역량 향상으로 정착되었기 때문이다.

바로 여기에 또 다른 가능성이 놓여 있다. 보이텔스바흐 합의는 단순히 기성 질서의 무비판적 수용이나 정치 제도에 대한 지식 축적이 아니라, 갈등과 논쟁을 민주주의 정치교육의 당연한 전제로 삼는다는 점에서 이미 사회 비판과 정치적 주체화를 독려한다. 좌파들이 지향했던 급진 비판과 체제 변화가 가능하려면 일차적으로 비판의 자유로운 발현과 정치 논쟁의 공적 인정과 관심 증대가 필수적이다. 또 강압에 가장 매달리는 정치 주체가 국가 권력이나 지배 엘리트인 것을 고려하면 강압 금지 자체가 이미 체제 비판적 성격을 지니기도 한다. 게다가 제1원칙인 강압 금지가 학습자를 보호하는 방어막이라면, 제3원칙인 학습자 이익 상관성은 학습자의 능동적 주체화를 촉구한다. 학생들이 스스로의 관심과 이익에 의거해 주체적인 방식으로 정치 상황에 개입할 수단과 방법을 찾는 것은 그 어떤 정치사상이나 기성 정당보다 더 다양하고 적극적인 비판적 참여와 정치 행동을 가능케 한다. 이런 맥락에서 본다면 보이텔스바흐 합의는 현실 비판과 해방 지향을 배제하지 않는다. 그것은 기본적으로 정치적 주체화를 지향하고 심지어 '급진화'의 여지를 안고 있다.[44]

물론, 보이텔스바흐 합의의 원칙들은 정치교육 '이론'의 완성이나 정점도 아니고 정치교육 '실천'의 표준이나 왕도도 아니다. 과잉 해석이나 과도한 의미 부여를 피해야 할 뿐 아니라 단순 모방과 직접 전이에서 생겨나는 탈맥락화를 경계해야 한다. 보이텔스바흐 합의의 세 원칙은 정치교육 이론과 실천 사이의 '접점'에서 생겨난 문제들에 대한 '최소합의'였을 뿐이다.[45]

다시 말해, 보이텔스바흐 합의는 정치교육을 둘러싼 사회 갈등을 조정하고 해결할 수 있는 이성적 방법을 함축할 뿐이다. 그렇기에 보이텔스바흐 합의는 교육 이론으로 보면 한참 부족하거나 너무 당연하고 실천 방법으로 보면 다소 막연하거나 상당히 무력하다. 그것은 정치교육 이론의 전제이자 실천의 근거를 구성하고 있을 뿐이다. 보이텔스바흐 합의의 원칙들로 민주시민교육의 이론나 실천 문제가 마침내 해결된 것이 아니라 비로소 명료하게 제기되기 '시작'했다. 보이텔스바흐 합의의 원칙들을 통해 민주시민교육 이론의 옛 쟁점들은 더 명료해졌고 새로운 논쟁과 토론거리들이 풍성해졌다. 그것을 통해 건설적인 교육 이론들이 발전할 가능성이 생겼다. 보이텔스바흐 합의 또는 그것과 유사한 원칙들을 미리 정해 놓고 학교를 비롯한 교육 기관에서 '적용'할 방법만 찾는다면 보이텔스바흐 합의의 의미를 오해하거나 축소하는 것에 불과하다. 요컨대, 보이텔스바흐 합의를 수용한다고 하더라도 정치교육의 내용과 방향 및 교육 방법과 실제에 대해서는 각각 더 많은 연구와 토론이 필요하다. 앞에서 보았듯이, 합의 원칙과 관련된 이론 쟁점과 실천 적용의 문제에 대해서도 계속 숙고하고 논쟁해야 한다.

이를테면, 다원주의와 논쟁성이라는 원칙에 따른다고 모든 종류의 주장과 견해를 다 '재현'해야 하는 것은 아니다. 하지만 경계가 어디에 놓이는지를 정하기는 쉽지 않다.[46] 민주 사회에서도 비민주적인 주장이나 강령을 옹호하는 이들이 적지 않다. 인권 유린에 의한 인간의 고통과 희생을 무시하거나 민주주의 정치문화와 과정을 교란하고 방해하는 정치 세력과 사회 집단은 상존한다. 독일과 유럽에서도 홀로코스트를 부정하거나 변호하는 세력은 존재한다. 그들이 '논쟁성' 원칙을 내세워 자신들의 주장도 정치교육과 역사교육에서 '재현'하기를 원하는 경우 그것을 어떻게 받아들일지의 문제는 간단치 않다.

30년 동안 독일 정치교육을 이끈 실레도 그 문제에 직면했다. 1992년 극우 정당인 공화당Republikaner은 주 선거에서 10.9%를 얻어 주의회에 진입했다. 공화당의 당수는 정치교육을 중요하게 보았기에 주정치교육원의 이사진에 참여해 2년 동안 자신들의 정치 입장도 정치교육에 반영되기를 촉구했다. 실레는 그 당이 비록 대중의 지지를 받았다고 하더라도 기본법과 독일 정치문화를 파괴하는 정당으로 보고 여타 이사들과 함께 그의 개입과 교란에 맞서 싸웠다. 실레는 극우 정당의 정치 견해를 교육 현장에서 '재현'할 수 없었던 것이다. 인권이나 자유의 기본 가치와 규범을 부정하는 견해나 헌법이나 정치 체제의 근간에 직접 충돌하는 극단적 주장을 다원주의란 명목으로 '의견의 하나'로 '재현'할 수는 없었다.[47] 이 예가 곧장 여타 국가의 교육 현장에 그대로 전이되기는 쉽지 않다. 헌법의 기본 가치나 정치문화의 규범에 대해서도 이견이 난무하는 곳에서는 '논쟁성'의 경계가 분명하지 않을 수도 있다. 그것 또한 토론하고 대결하며 정치와 사회의 다양한 민주적 행위 주체들이 만들어 가야 하는 과제다.

한편, 갈등 해결이란 단순히 다툼이 있는 문제에 대해 적절한 해결책을 찾는 것만을 의미하지 않는다. 해결책이 아무리 현실적이고 실용적이라고 하더라도 일시적이거나 임시적이어서는 곤란하다. 갈등 해결은 서로 다른 견해들에 대한 개방적이고 관용적인 태도를 함양하고 상호 이해와 타협 능력을 키워 적대 관계를 소통 가능하고 조정 가능한 선린 관계로 바꾸는 것을 포괄한다. 그것은 공정한 논쟁문화와 건설적 합의문화에 귀속된다. 보이텔스바흐 합의는 그런 논쟁문화와 합의문화의 형성 과정과 성과를 잘 보여 주었다. 다원주의 민주주의 사회에서 갈등의 편재성과 역동성을 염두에 둔다면 그것은 민주주의 정치문화와 일상문화의 발전에도 큰 의의를 지닌다.

게다가 보이텔스바흐 합의는 교사나 정치교육 담당자들에게 직업윤리를 제공했으며 동시에 권력 기관을 비롯해 외부 단체나 학부모들의 교육 개입에 맞설 방패를 제공했다. 교사들은 보이텔스바흐 합의에 의지해 다양한 외압에 맞설 수 있으며 교사로서의 책임과 권리를 주장할 수 있었다. 교사들은 교육 전문가로서의 권능을 인정받으며 전문성을 고양할 계기와 필요를 더 적극적으로 갖는다.

한편, 학생들은 보이텔스바흐 합의의 원칙을 통해 무엇보다 의견 형성과 자유로운 토론의 기회와 용기를 얻는다. 학생들은 개방적으로 소통하고 자립적으로 의견을 형성할 수 있는 학교문화를 직접 경험하고 학교 교실을 독립적인 정치적 사회화의 공간으로 발전시킬 기회를 얻는다.

마지막으로, 학부모와 시민사회는 이 보이텔스바흐 합의를 통해 학교 교육과 공공 시민교육에 대해 신뢰하고 존중할 수 있는 근거를 가질 수 있다. 학교와 교사의 공정성과 전문성에 대한 신뢰와 존중은 학부모들로 하여금 불필요한 당파적 관심과 개입 욕구를 억제하도록 만들며 그것은 공공 교육 전반의 안정성과 책임성을 강화한다. 요컨대 교육 실천에 대한 '최소합의'를 통해 다양한 교육 주체들과 관련자들은 고유한 역할을 부여받으면서 동시에 서로 신뢰하고 존중할 수 있는 기반을 갖는다. '최소' 합의의 '최대' 의의다.

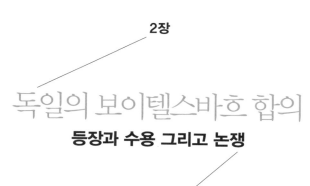

2장

독일의 보이텔스바흐 합의
등장과 수용 그리고 논쟁

케르스틴 폴 Kerstin Pohl

"보이텔스바흐 합의를 통해 저는 무엇을 해서는 안 되는지를 알았지만 무엇을 해야 하는지는 모르겠어요."

　　　　　독일 정치교육에서 보이텔스바흐 합의의 원칙들은 확고한 지위를 가졌다. 그것은 1976년 소규모 정치교육학자들의 모임에서 등장한 뒤 곧 거의 모든 정치교육학자와 정치 교과목^{사회과 과}목: 역자 주 교사들에 의해 수용되었다. 보이텔스바흐 합의는 정치교육 교수학습론의 근간이 되었다. 보이텔스바흐 합의는 학교 교과서 서술과 관련한 교육과정과 학습지도안의 개발과 활용에서 중요한 역할

---

* 통일 후 동독 지역 교사 연수에서 한 교사의 언급. Breit(1996: 81)에서 재인용.

을 수행할 뿐만 아니라 청소년과 성인들을 위한 학교 밖 정치교육의 여러 영역들에서도 규범 척도가 되었다. 보이텔스바흐 합의는 한편으로 정치교육을 위한 기본 원칙을 밝히고, 다른 한편으로 부당한 정치 강압 또는 재정을 지원한 공적 기관의 일방적인 요구로부터 정치교육을 보호한다.[1] 그럼에도 불구하고 보이텔스바흐 합의가 등장했을 때부터 현재까지 그 합의의 원칙을 둘러싸고 논란이 이어졌다.

이 글은 먼저, 1960년대 후반과 1970년대 초반의 정치적·사회적 대결을 배경으로 삼아 보이텔스바흐 합의의 등장을 서술한다. 두 번째 절은 보이텔스바흐 합의가 결코 독일 정치교육의 근본적인 전환점은 아니라는 사실을 보여 준다. 즉, 보이텔스바흐 합의로 표현된 기본 규범들은 사실 1976년 이전에 이미 합의로 존재했고, 다만 그 규범들의 정확한 해석에 대한 논쟁은 1976년에도 끝나지 않았다. 게다가 '보이텔스바흐 합의'라는 개념이 관철될 때까지 최소한 10년은 걸렸다고 봐야 한다. 이 글의 3절에서는 일부 정치교육학자들이 수정 제안한 원칙들을 소개하고 동시에 그 수정안들이 받아들여지지 않은 이유를 설명한다. 여기까지는 보이텔스바흐 합의의 독일 내적 전통에 대한 내용이다. 실제 수업에서 보이텔스바흐 합의가 어떤 실천적 의미를 지니는지에 대해 관심을 가진 독자들은 아예 4절부터 읽어도 무방하다. 4절은 '논쟁성 원칙'과 '강압 금지 원칙'의 중요성과 한계를 세밀히 다루었기 때문이다. 5절은 보이텔스바흐 합의의 세 번째 원칙인 '학습자 이익 상관성(이해관계 인지) 원칙'으로, 학습자들이 자신의 이익을 분석하고 그것을 위해 노력할 수 있어야 한다는 내용을 다룬다. 이 글은 보이텔스바흐 합의가 다른 나라들의 정치교육에 전용될 수 있을지의 문제를 다루면서 결론을 맺는다.

1. 보이텔스바흐 합의의 등장

1960년대 후반과 1970년대 초반 독일은 격렬한 정치 사회 갈등을 겪었다. 많은 대학생들과 소위 '신좌파' 그룹들은 미국의 베트남전쟁 개입에 항의했다. 더불어, 서독 정치와 사회의 민주화를 위해 투쟁했다. 그들은 마르크스주의와 정신분석학에서 영감을 받은 프랑크푸르트학파의 비판이론에 의거해 정치뿐만 아니라 대학, 경제, 그리고 사적인 관계에 존재하는 권위적 구조를 문제 삼았다. 그들은 자본주의 경제의 노동자 착취에 맞섰고 남녀 사이뿐만 아니라 부모와 자식 간의 권력관계 및 관습적 성윤리를 비판했다. 아울러, 수많은 나치 전력자들이 여전히 서독 정치와 행정에서 고위직을 차지하고 있다고 비난했다. 또 그들은 연방의회에서 긴급법이 통과되지 못하도록 저항했다. 긴급법은 나라 안팎의 긴급 상황에서 연방정부가 연방의 주들을 무시하고 입법권과 행정명령권을 확대 보유할 수 있도록 하며 기본권의 제한을 허용하는 것이었기 때문이다. 세부적으로 보면 그들 사이에도 차이가 있었지만, 모든 인간의 해방과 인간에 대한 인간의 불필요한 지배의 철폐가 그 항의 운동의 핵심 주장이었다. 주류 사회의 다수는 그것을 거부했다. 그렇지만 시간이 좀 흐르자 근본적인 가치 변화가 일어났고 결국 서독 사회의 자유화를 이끌었다.

대학생 시위에 이어 1970년대에는 교육 정책과 정치교육의 교수학습을 둘러싸고 논쟁이 격렬했다. 서독이 연방주의 정치 체제를 따르기에 교육 정책 결정권은 개별 연방주들에 있었다. 그 결과 당시 독일사회민주당SPD, 약칭 사민당 집권 주들과 기독민주연합CDU, 약칭 기민련 집권 주들 사이에 정책 차이가 컸다.

특히 사민당이 집권했던 연방주인 헤센Hessen과 노르트라인베스트팔렌Nordrhein-Westfalen 주의 학교 정치교육 과목에 대한 교육지침이 격렬한 논쟁 대상이었다. 보수 정치가들은 그 교육지침들이 체제 전복을 선전하고 사회 전통뿐만 아니라 민주주의 기본 가치를 흔든다고 비판했다. 그 논쟁의 한 부분은 교과서 갈등이었다. 당시 서독의 정치교육 교과서의 집필자들은 많은 경우 좌파였다. 그들은 낡은 대비, 즉 소련과 동독의 나쁜 독재 대 서독의 좋은 민주주의를 대립시키는 것을 중심으로 삼는 교과서 서술 방식을 극복하고자 했다. 그 대신에 그들은 새로운 교과서를 통해 학생들이 서독 사회와 체제도 비판적으로 분석하도록 만들고 싶었다. 이제 문제지향과 논쟁성 같은 교수학습 원칙들이 중요해졌다. 앞서 언급한 두 교육지침과 마찬가지로 새로 집필된 교과서들도 지금까지의 사회적 가치 합의를 깨는 것이라고 비판받았다.

그 교육 정책 논쟁에는 대학에서 신진 교사들을 육성하고 저술을 통해 정치교육의 목표와 내용을 이론적으로 논증하는 정치교육학 학자들도 많이 참여했다. 그들은 교육지침과 교과서 집필자로서 직접 논쟁에 연루되기도 했다. 롤프 슈미더러Rolf Schmiederer, 헤르만 기에제케Hermann Giesecke, 볼프강 힐리겐Wolfgang Hilligen과 쿠르트 게르하르트 피셔Kurt-Gerhard Fischer 같은 여러 정치교육학 학자들은 자신들의 이론서에서도 프랑크푸르트학파의 비판이론에 의거하기 시작했으며 정치교육을 근본적인 사회 변화의 수단으로 보았다. 그에 반해 베른하르트 주토어Bernhard Sutor와 클라우스 호르눙Klaus Hornung 같은 보수적인 학자들은 현존 정치 질서 옹호로 방향을 맞추기를 요구했다. 정치교육을 주제로 한 수많은 학술회의와 학술지들은 그 논쟁을 다루었다. 이데올로기 대결 전선이 너무 격화되어 건설적인 대화가 거의 불가능했다.[2]

이러한 상황에서 바덴뷔르템베르크 주정치교육원[3] 원장인 지그프리트 실레Siegfried Schiele는 격렬한 논쟁에도 불구하고 어떤 합의가 아직 가능할지에 대해 함께 대화해 보기 위해 1976년 가을, 가장 저명한 정치교육학자들을 보이텔스바흐의 회의장으로 초대했다. 실레는 이데올로기 논쟁에서 학생들의 도구화 위험을 보았다. 그가 보기에 사회이론이나 정치이론에 의거한 이데올로기 대신에 학습자들을 교수학습 구상의 출발점으로 삼는 것이 시급히 필요했다. 토론회에는 헤르만 기에제케를 제외하면 당시 논쟁의 주역들이 모두 참여한 셈이었다. 실레의 기억에 따르면, 보이텔스바흐 회의는 '긴장감'이 있었지만 '원만한' 분위기였다. 왜냐하면 참석자들은 모두 공동으로 최소합의를 찾자는 데 동의했기 때문이다.[4] 실레는 회의에 앞서 당시 바덴뷔르템베르크 주정치교육원의 출판 담당관이었던 한스게오르크 벨링Hans-Georg Wehling에게 서로 다른 진영 간에 어떤 점에서 합의가 가능할지를 찾아 일종의 회의록을 작성하도록 요청했다.

「보이텔스바흐식 합의? 전문가 대화의 정리」에서 벨링은 자신의 관점에서 보기에 합의가 가능한 세 가지 점을 다음과 같이 정리했다.

1. 강압 금지. 교사가 자신이 원하는 견해를 —어떤 방식으로든— 학생이 받아들이도록 강제하고 그것을 통해서 학생의 '자립적인 판단 형성'을 방해하는 것은 허용되지 않는다. 바로 이 지점이 정치교육과 교화를 가르는 경계선이다. 교화는 —일반적으로 수용되는— 민주주의 사회에서 교사가 수행해야 하는 역할과 일치할 수 없으며, 학생의 성숙이라는 목표 설정과도 일치할 수 없다.

2. 학문과 정치에서 논쟁적인 것은 수업에서도 또한 논쟁적으로 나타나야 한다. 이 요구는 위에서 언급한 요구와 밀접히 연관되어 있다. 왜냐하면 서로 다른 입장이 무시되고 선택 가능성이 폐기되고 대안이 언급되지 않는다면, 그것이 바로 교화로 가는 길이기 때문이다. 교사는 심지어 교정 기능을 수행해야 하지 않을까라는 질문이 생긴다. 다시 말해, 교사가 학생들(과 정치교육 행사 참가자들)에게 그들 각각의 고유한 정치 사회적 출신 배경으로 인해 낯선 입장과 대안을 특별히 부각시켜 주어야만 하는 것은 아닌지 물어야 한다. (…)

3. 학생은 정치 상황과 자신의 고유한 이익 상태를 분석할 수 있도록 안

내되어야 한다. 아울러 학생은 자신의 이익을 위해 당면 정치 상황에 영향을 줄 수 있는 수단과 방식을 찾도록 안내되어야 한다. 그런 목표 설정은 행동 능력을 매우 강조한다.[5]

벨링이 작성한 이 세 기본 원칙에 대해 어떤 의결도 이루어지지는 않았다. 그렇기에 보이텔스바흐 합의는 공식 결의에 의한 합의 사항이 아니다. 그럼에도 불구하고 여러 해가 지나면서 그것은 크게 주목받았다.

2. 보이텔스바흐 합의의 수용[6]

독일 정치교육의 역사를 다룬 기본 연구서들을 보면, 무엇보다도 보이텔스바흐 합의가 정치교육의 교수학습을 둘러싼 대결을 해결하는 데 공헌했고 결국 정치교육 교수학습에서 실용적 전환을 이끌어냈다는 이야기를 자주 접한다.[7]

물론, 보이텔스바흐 회의의 의미를 축소하는 학자들도 적지 않다. 먼저, 이 세 가지 기본 원칙들은 느닷없이 등장하지 않았고 더 오랜 전통과 연결되어 있다. 최근 마티아스 부슈Matthias Busch가 밝혔듯이, 논쟁성 원칙은 이미 바이마르공화국 말기[1930-1933] '공민교육' 교과 관련 학습 담론의 핵심 원칙이었다.[8] 논쟁성은 당시 학교 밖 정치교육에서도 마찬가지로 중요했다.[9] 요하임 데트옌Joachim Detjen은 나치 시대 이후 아놀트 베르그슈트라에세Arnold Bergstraesser, 테오도어 에셴부르크 Theodor Eschenburg, 에른스트 프랭켈Ernst Fraenkel, 칼 요아힘 프리드리히Carl Joachim Friedrich, 게르하르트 라이프홀츠Gerhard Leibholz와 오토 슈탐머Otto Stammer 등 독일 정치학의 창시자들이 1950년대에 이미 정치교육 저술에서 교화 금지와 논쟁성 원칙의 의미를 지닌 논의를 전개했다고 밝혔다.[10]

게다가 그 세 원칙이 공식화되기 전에도 신생 학문 분과인 정치교육학에서 지난 20년 동안 많은 토론들이 있었고, 그 과정에서 여러 정치교육의 원칙들이 정립되었다. 1976년에 그 원칙들은 따로 밝히지 않아도 될 정도로 이미 합의가 된 지 오래였다. 이를테면, 쿠르트 게르하르트 피셔는 1960년경 전형성Exemplarität 원칙을 정치교육학의 논의에 끌어왔다. 그것에 따르면, 중요한 것은 단지 그저 주어진 수업 자료 목록에 따라 열심히 하는 것이 아니라, 적절한 예들을 통해 정치적인 것에 대한 통찰을 얻도록 하는 것이었다. 그 점에 대해 피셔는 자주 인용되는 말인 "수업 자료는 바뀔 수 있다."고 함축적으로 표현했다.[11]

또 1960년대 초반에 이미 볼프강 힐리겐의 저술을 통해 문제지향 Problemorientierung이 정치교육의 원칙으로 관철되었다. 그것은 정치교육 수업은 항상 열린 문제에서 출발해야 하며 학생들은 문제의 다양한 해결책에 대해 토론하며 스스로 판단할 수 있는 기회를 가져야 한다는 것을 의미했다. 몇 년 후 헤르만 기에제케는 자신의 교수학습론에서 시사적인 정치적 쟁점을 다루는 것을 가장 중요하다고 봄으로써 갈등지향Konfliktorientierung 원칙의 창안자로 인정받았다. 갈등지향은 정당이나 사회단체들 사이의 시사적인 정치 논쟁을 수업에서 다루어야 한다는 것을 뜻한다. 학생들은 정당을 비롯한 정치 행위자들의 다양한 관점들을 접하고 그중에서 어떤 입장이 자기 생각과 가장 일치하는지를 스스로 결정할 수 있는 기회를 가져야 한다는 것이다.

게다가 정치교육 교수학습에서 범주교육Kategoriale Bildung 원칙이 광범위하게 수용된 것도 기에제케 덕이다. 범주교육 원칙에 따르면, 학생들은 정치 문제와 논쟁들을 다룰 때 권력, 이익, 갈등, 행위자, 가치 등과 같은 주요 정치 범주를 알아야 한다. 그리고 그 범주를 활용해 다음과 같은 결론적 질문들로 의견을 표명할 수 있어야 한다는 것이다. 즉, "권력관계는 어떤 상황인가?", "어떤 행위자들이 어떤 이익과 가치관을 내세우는가?", "갈등의 대결선은 어떻게 나타나는가?" 등으로 말이다. 범주교육에 따르면, 그와 같은 질문들은 여타 갈등들에도 그대로 적용될 수 있다. 학생들은 그런 방식을 통해 새로운 주제 영역들을 독립적으로 분석하고 평가할 수 있게 된다는 것이다.

마지막으로, 롤프 슈미더러의 공로로 1970년대 초 이미 학생지향Schülerorientierung 원칙이 독일 정치교육 교수학습론의 확고한 토대로 자리 잡았다.[12] 슈미더러는 정치교육이 학생들의 이익에 맞출 필요가 있음을 특별히 강조했다.

물론, 그 정치교육 교수학습 원칙들의 정확한 해석을 둘러싸고는 여전히 견해가 일치하지 않았다. 이를테면, 학생들이 얻어야 하는 정치에 대한 핵심 통찰은 도대체 무엇인가, 정치를 이해하는 데 어떤 범주가 중요한가, 정치 과목에서 좁은 의미로 정의되는 드러난 정치 문제들만이 토론되어야 하는가, 아니면 잠재적이고 구조적인 사회 문제들이 함께 논의되어도 괜찮은가 등의 문제들을 둘러싸고 논쟁이 있었다. 특히 학생지향에 대한 해석은 매우 다양했다. 이를테면, 슈미더러는 학생 이익을 마르크스주의 의미로, 즉 학습자의 객관적 이익으로 이해했다. 그것은 사회 경제적 지위 및 그로부터 생겨나는 기회, 특히 한계에 의해 만들어진다. 그렇기에 예를 들어 취업 준비생들은 불이익에 맞설 수 있도록 노동자의 권리와 노동조합에 대해 배워야 한다. 반면, 다른 저자들은 이익 개념을 다원주의 이론의 관점에서 이해했다. 다원주의 이론에 의하면, 사회에 존재하는 모든 이익들은 서로 적법한 경쟁 관계에 놓여 있다. 나중에는 심지어 학생지향을 학생들이 수업에서 직접 표현하는 이익에 대한 지향으로만 이해하는 경우도 잦았다. 그렇게 되자 학생지향은 정치교육 원칙에서 교육학적 원칙으로 변했고 그 결과 슈미더러가 그것과 결합시켰던 해방적이고 정치적인 차원을 잃어버렸다.

그렇지만 전형성, 문제지향, 범주교육, 갈등지향, 학생지향 등은 논쟁성 원칙과 강압 금지 원칙처럼 서독의 주류 정치교육학에서 보편 원칙으로 인정받았다. 요컨대, 보이텔스바흐 합의는 정치교육학의 학문공동체가 이미 공유하고 있던 여러 기본 신념을 기반으로 해서 등장했다.

게다가 보이텔스바흐 합의를 정치교육학의 전환점으로 간주하는 해석은 또 다른 이유로도 제한적으로만 받아들일 수 있다. 보이텔스바흐 회의 후에도 이데올로기 진영 간 논쟁이 결코 끝나지 않았기 때문이다. 1970년대 후반과 1980년대 초기의 수많은 정치교육학 텍스트들은 서로 대립적인 관점의 대표자들 사이에서 논쟁이 지속되었음을 보여 준다. 실레의 주도 아래 바덴뷔르템베르크 주정치교육원이 1978년 개최한 후속 회의에서 정치교육학자들은 '가족: 규범과 가치의 매개'라는 주제에 대해 합의 가능한 수업안을 만들어 보려 했지만 다시 논쟁만 격렬했다.[13] 이때 첫 번째 쟁점은 학습자들에게 완전한 소가족이 어린이와 청소년들을 위한 최상의 생활 모델이라고 먼저 가르쳐야 하는지, 아니면 먼저 소가족의 문제를 주제로 다루고 서로 다른 삶의 양식들을 동등한 권리를 지닌 선택 가능한 삶으로 병립시켜야 하는지였다. 당시 정치교육학자들의 또 다른 쟁점은 학생들이 가족을 통해 전해지는 규범과 가치가 우리 사회의 핵심 토대라는 것을 먼저 배워야 하는지, 아니면 그 규범과 가치를 비판적으로 문제 삼는 능력을 먼저 배워야 하는지였다. 회의의 결과로 나온 책은 세 번째 주요 차이점도 잘 보여 주었다. 그것은 정치 개념과 학교 정치교육의 과제와 연관되었다. 즉, 저자들은 가족을 주제로 한 수업을 사회학 및 심리학 관점에 한정시키는 것이 적합할지, 아니면 "전체 사회의 형성 과제인 정치가 가족과 맺는 관계의 이유, 방식, 목적"을 항상 동시에 논의해야 할지에 대해서도 견해가 일치하지 않았다.[14]

이 예를 통해서 잘 알 수 있는 것은 보이텔스바흐 원칙들의 추상적 규정에 대해서는 합의가 이루어졌지만 그 원칙들을 구체화하는 과정, 즉 그 원칙들이 수업 계획에서 어떻게 발현되어야 하는지에 대해서는 다시 이데올로기의 차이가 발생한다는 것이다.

보이텔스바흐 회의의 발표문과 정리글이 책으로 출간된 후의 정치교육학 연구 문헌들을 살펴보면, 벨링이 정리한 합의 원칙들이 거의 나타나지 않는다는 사실에 놀란다. 보이텔스바흐 합의에 조응하는 원칙들이 논의되어도, 대개 벨링의 텍스트는 언급되지 않았다. 그것을 통해 알 수 있는 것은 그 내용들이 정치교육의 주요 원칙으로 알려지긴 했지만 처음엔 보이텔스바흐 회의의 성과로 이해되지 않았다는 사실이다. 보이텔스바흐 회의 후에 토론이 계속 진행되면서, 특히 보이텔스바흐 합의 10년을 맞이해서 열린 '기념회의' 자료집이 책으로 출간되고 나서야[15] 비로소 서서히 '보이텔스바흐 합의'는 정치교육학의 결정적인 참고 자료가 되었고 보이텔스바흐 회의를 정치교육의 전환점으로 인지하는 해석이 등장했다.

3. 보이텔스바흐 합의에 대한 수정 제안

10주년 기념 학술회의가 열린 1986년 즈음에는 '보이텔스바흐 합의'라는 개념이 완전히 자리를 잡았다고 볼 수 있다. 1976년 실레와 함께 보이텔스바흐 회의 개최를 발의했던 헤르베르트 슈나이더Herbert Schneider는 그 10주년 회의에서 벌써 합의 원칙의 수정을 제안했다.

슈나이더는 보이텔스바흐 합의의 세 번째 원칙, 즉 "학생은 정치 상황과 자신의 고유한 이익 상태를 분석할 수 있도록 안내되어야 한다. 아울러 학생은 자신의 이익을 위해 당면 정치 상황에 영향을 줄 수 있는 수단과 방식을 찾도록 안내되어야 한다. 그런 목표 설정은 행동 능력을 매우 강조한다."는 규정이 타인의 이익과 '사회 전체'를 보지 못하게 만드는 사익에 매몰된 개인주의를 선전할 위험이 있다고 보았다.[16] 슈나이더는 기고문에서 교수학습론과 정치학에서의 이익 개념을 상세히 분석했다. 그것을 바탕으로 슈나이더는 다음과 같이 수정 규정을 제안했다. "학생(과 성인)은 *정치 문제들을 분석하고, 그것과 관련된 사람들의 입장에서 생각하고 자신의 이익의 관점에서 사회 전체를 위한 공동 책임을 고려하면서 문제 해결에 영향을 줄 수 있는 수단과 방법을 찾을 수 있어야 한다.*"[17] (이탤릭체는 1976년의 합의 원칙 수정 부분을 강조)

다시 10년 뒤, 그러니까 보이텔스바흐 회의 20주년을 기념하는 학술회의에서 슈나이더는 공동체주의와 시민사회에 대한 정치학의 논의를 수용해 수정 제안을 다시 고쳤다. 그는 다음과 같이 제안했다. "학생(과 성인)은 정치 문제들을 분석할 능력을 갖추어야 하고, 그것과 관련된 사람들의 입장에서 생각하고 *자신이 잘 인지하고 있는 이익의 관점에서 사회적 공존과 그것의 다양한 발현을 위한* 공동 책임을 고려하면서 문제 해결에 영향을 줄 수 있는 수단과 방법을 찾는 능력을 갖추어야 한다."[18] (이탤릭체는 1987년 수정안에서 다시 바뀐 부분을 강조)

이 수정 표현은 내용에서 문제가 좀 있었다. 공익과 관련한 학문적 논의를 끌어오면서 보이텔스바흐 합의의 강압 금지 원칙과 논쟁성 원칙을 훼손했기 때문이다. 그래서 틸만 그라메스Tilman Grammes는 같은 논문집에서 지극히 정당한 주장을 펼쳤다. "공동선bonum commune이 '자기발전 가치의 강조'를 통해 자유주의적으로 도달될지, 아니면 '사회책임'을 통해 공동체주의적으로 도달될지는 보이텔스바흐 합의가 아니라 논쟁적인 수업 대화가 결정한다. 그 외의 모든 것은 교조화일 뿐이다! 개인주의와 공익 사이의 긴장 관계는 정치이론과 다원주의 사회에서 벌어지는 실제 논쟁의 일부다. 바로 그 이유 때문에도 그것은 그 자체로 수업 주제로 자유롭게 다루어져야 한다."[19]

같은 책에서 정치교육학자 고트하르트 브라이트Gotthard Breit는 보이텔스바흐 합의를 보충할 네 번째 원칙을 다음과 같이 제안했다. "정치교육은 교육을 통해 민주주의 정치문화를 확고히 다지고 민주주의의 지속적인 발전에 기여하는 과제를 지닌다. 그러므로 정치교육의 목표는 학생들로 하여금 민주주의에서 시민의 역할을 인지하는 능력을 갖추게 하는 것이어야 한다."[20] 헤르베르트 슈나이더의 수정 제안과는 달리 이 보충 제안은 강압 금지 원칙과 논쟁성 원칙을 침해하지 않는다. 왜냐하면 브라이트는 민주주의에서 시민의 역할을 얼마나 명료히 정의해야 할지를 정하지 않고 열어 두었기 때문이다. 정치교육학자 볼프강 잔더Wolfgang Sander도 유사한 내용을 제안했다. "정치교육은 민주주의 정치문화의 일부로 이해된다. 정치교육은 교육을 통해 민주주의의 유지와 발전에 기여할 것이다. 왜냐하면, 단지 민주주의가 작동되는 사회만이 교육학이 지향하는 학생들의 성숙을 수용할 수 있기 때문이다."[21]

물론, 고트하르트 브라이트와 헤르베르트 슈나이더와는 달리, 볼

프랑 잔더는 나중에 자신은 보이텔스바흐 합의의 문구를 보충하려고 했던 것이 아니라 다만 "있을 수 있는 오해를 피하기 위해" 보이텔스바흐 합의의 "핵심 함의" 중 하나를 더 정확히 "설명"하려고 했을 뿐이라고 밝혔다.[22] 잔더는 "학술회의 보고인 '보이텔스바흐 합의'는 역사적 자료"이고, 그렇기에 그것을 그 자체로 두고 해석할 수는 있지만 내용을 바꿀 수는 없다고 정확히 지적했다. 보이텔스바흐 합의를 새로 수정하려고 할 경우, 당장 "누가 무슨 권리로 그 텍스트의 새 판본을 정할 수 있을까?"라는 질문이 생긴다."[23]

그렇기에 현재도 여전히 한스게오르크 벨링의 원래 문구가 '보이텔스바흐 합의'로 간주된다. 보이텔스바흐 합의의 규범적인 기본 원칙들이 매우 보편적이고 그렇기에 해석이 더 필요하다는 사실은 보이텔스바흐 합의의 장점이라는 것이 정치교육의 역사를 통해 확인되었다. 그렇지만 기본 원칙들의 보편적인 문구는 그 자체로 늘 문제를 야기했고 현재도 여전히 그에 대한 정확한 해석을 둘러싼 논쟁을 낳고 있다. 다음 두 절에서 그 논쟁들을 살펴볼 것이다.

4. 논쟁성 원칙과 강압 금지 원칙[24]

이미 벨링이 논쟁 재현에 대해 정리할 때 잘 드러났듯이, 논쟁성 원칙과 강압 금지 원칙은 서로 긴밀히 연관되어 있다. "학문과 정치에서 논쟁적인 것은 수업에서도 역시 논쟁적으로 드러나야 한다. 이 요청은 첫 번째 원칙과 밀접하게 연결된다. 왜냐하면, 교화는 다양한 관점들을 숨기고 다른 선택지들을 내팽개치며 대안들을 해명하지 않을 때 일어나는 것이기 때문이다."

보이텔스바흐 합의에 관한 최근 토론은 주로 논쟁성 원칙을 둘러싸고 진행되었다. 특히 다음 세 가지가 주로 논의되었다.

첫째, 논쟁성 원칙의 경계는 어디에 있는가?(4.1)
둘째, 논쟁성 원칙은 학교 밖 정치교육에서도 적용되는가?(4.2)
셋째, 논쟁성 원칙과 교사의 중립 원칙은 양립 가능한가?(4.3)

물론, 그 논의 과정에서 강압 금지의 원칙도 자주 언급되었다. 사실 그 둘이 따로 논의되는 경우는 드물다. 하지만 이 절의 막바지에 틸만 그라메스에 의거해 정치교육에서 나타날 수 있는 교조화의 다양한 방식에 대해 짧게나마 따로 살피겠다.

1) 논쟁성 원칙의 경계는 어디에 있는가?

논쟁성 원칙은 오해를 야기할 수 있다. 항상 논쟁에서 나온 입장을 모두 고려해야 한다는 규정은 무리라고 생각하는 정치교육자_{정치 과목} 교사와 학교 밖 정치교육 수행자들: 역자 주들이 적지 않다. 반면 논쟁성 원칙은 수업이나 교육 참여자들의 모든 정치적 입장을 수용해야 한다는 것을 뜻한다고 생각하는 사람들도 있다. 이 두 가지 사항이 논쟁성 원칙의 경계를 표식한다.

첫 번째 경계는 '실용적 경계'라고 불리는데, 그것은 교수학습법 차원에서 제한할 필요성 때문에 생겨난다. 논쟁성 원칙에서 언급된 "서로 다른 입장들을 고려하지 않는" 것이 사실 정치교육의 실제에서는 불가피할 수 있다. 거의 모든 정치적 주제들에는 너무도 다양한 입장들이 있어 우리가 그것을 모두 다루는 것은 불가능하다. 그러면 우리는 어떤 입장을 생략할 수 있을까? 공론장을 지배하고 있는 입장들로 제한해야 할까? 그것에 대해 클라우스 알하임Klaus Ahlheim은 비판적으로 문제를 제기했다. "[…] 그렇다면 사회가 배제하고 정치와 정치학과 정치교육 담론이 무시한 주제들은 어떻게 되는가?"[25] 율리안네 함머마이스터Juliane Hammermeister는 논쟁성 원칙의 맥락에서는 "왜 어떤 사회 세력이 헤게모니를 장악하는지"를 지워 버려서는 안 된다고 경고했다.[26] 같은 이유로 프랑크 논넨마허Frank Nonnenmacher도 논쟁성 원칙으로부터 다음과 같은 주장을 도출했다, "논쟁성 원칙은 소수 견해 또는 지배자들이 싫어하는 견해들이 등장할 수 있도록 하고 최소한 지배적 의견과 일치하지 않는 입장들을 인지하도록 해 줄 의무"를 지닌다.[27]

그런데 공론장에서 거의 주목을 받지 못한 채 비판적인 견해를 표명하는 모든 단체들의 입장을 수업에서 다루는 것이 과연 가치가 있을까? 이 문제를 둘러싸고 항상 논쟁이 발생한다. 영향력 있고 세력이 큰 정당과 사회 집단들의 입장만을 반영하는 것만으로는 충분치 않다는 합의가 이루어져도, 논쟁의 어떤 입장들이 수업에서 재현되어야 하고 어떤 입장들이 교수학습법에 따른 제한을 근거로 수업에서 생략될 수 있는지는 정치교육의 실천에서 개별 사안마다 각기 따로 정해질 수밖에 없다.

논쟁성 원칙의 두 번째 경계는 '규범적 경계'로 불리는데 민주주의 기본 가치에 의해 경계가 그어진다. 그 규범적 경계도 실용적 경계와 마찬가지로 개별적으로 따지면 그 경계를 확정하는 것이 어려울 수 있다. 독일 대학생들에게 그 경계가 어디 있는지를 물으면, 기본법이라고 답하는 학생들이 적지 않다. 하지만 기본법을 비판하는 것이 항상 문제가 있는 것은 아니다. 논란 중인 기본법 조항들이 적지 않으며 이미 개정된 조항들도 많다. 또한 개정 요구에 직면한 조항들이 계속 생긴다. 예컨대, 한 학생이 독일 기본법 3조 3항의 차별금지 조항을 성적지향을 근거로 한 차별의 금지로 보충되어야 한다고 주장하면, 그 입장은 12a조의 병역의무 조항을 기본법에서 삭제하라는 요구만큼이나 정당하다. 정치적 입장들의 정당성의 경계를 정하기 위해서 독일은 "자유롭고 민주적인 기본 질서Freiheitlich-demokratische Grundordnung: FDGO"를 갖고 있다. 독일연방 헌법재판소는 1952년 '사회주의제국당Sozialistische Reichspatei: SRP' 금지 결정에서, 이 자유롭고 민주적인 기본 질서에는 어떤 핵심 원칙들이 포함되는지를 정의했다. "기본법에서 구체화된 인권 존중, 특히 삶과 자유로운 계발에 대한 개인 권리의 존중, 인민 주권, 권력 분립, 정부 책임, 행정 적법성, 사법부 독립, 다당제 그리고 헌법에 조응하는 교육 및 비판 활동의 권리를 지닌 모든 정당들의 기회균등"[28] 등이다.

정치교육자들은 정치교육에서 모든 입장이 다 재현될 가치가 있는 것으로 여겨져서는 안 된다는 데 이견이 없다. 무엇보다 인권을 무시하는 견해는 여타 견해들과 동등한 권리를 지닐 수 없다. 논쟁성 원칙은, 예를 들어 독일에서 이슬람 사원이나 새로운 홀로코스트 추모비를 건립하는 문제를 주제로 한 방송 토크쇼를 모방하는 수업을 진행하면서, 한 학생에게 독일민족민주당Nationaldemokratishe Partei Deutschlands: 독일의 대표적 네오나치 정당: 역자 주의 대변인 역할을 맡도록 요구할 수는 없다. 또한, 인권을 무시하는 가사가 들어 있는 음악을 학생들이 무비판적으로 받아들이게 해서도 안 된다. 오히려 그 정반대다. 이 부분에서 정치교육자들은 인간 존엄을 옹호하는 입장을 분명히 표명해야 할 필요가 있다. 그 기본 규범을 지지하고 그것을 학생들에게 교육하는 것은 교조화가 아니다.[29] 인권을 무시하는 그런 상황을 어떻게 다룰지에 대한 교육학적 질문들은 교조화와는 구분된다. 즉, 그런 입장을 지닌 어린 학생들을 개인적으로 비난해서는 안 된다. 동시에 그들의 입장에 정면으로 맞서는 것을 거부해서도 안 된다.

그것과 관련해 특히 복잡한 문제는 문화 차이다. 강압 또는 교화를 피하는 것이 여기서 특히 어렵다. 우리는 표현의 자유, 언론출판의 자유, 예술의 자유가 민주주의의 높은 가치라는 이유로 '샤를리 에브도Charlie Hebdo' 사건을 수업에서 다루고 그것과 관련한 그림들을 보여줘도 되는가? 아니면 우리는 이슬람의 성화聖畵 금지를 존중해야 하고 무슬림 학생들에게 마호메트의 캐리커처가 금기시된다는 이유로 수업에서도 그 논쟁을 다루지 말아야 하는가?

볼프강 잔더는 문화 차이를 다룰 때 "구체적 상황, 특히 그 차이와 연관된 실제 학생들의 문화 발현에 섬세하게 주의를 기울이며 조심스럽게 대응"해야 한다고 조언한다. 하지만 잔더에 따르면, 그것 또한 경계를 갖고 있다. 즉, "어떤 방식으로든 보편성을 거부하는 문화 입장들, 예컨대 자기 세계관이 우월하다고 맹신해 다른 신념이나 문화 특징을 지닌 사람들을 순전히 그 신념이나 특징 때문에 탄압하거나 심지어 죽여도 된다고 생각하는 문화 입장들을 용인해서는 안 된다." 논쟁성의 경계는 "타자의 신념과 문화 특징을 자신의 것과 마찬가지로 정당하다고 인정할 의지가 있는 그런 문화 입장들만을 교육 대상에서 정당한 것으로 재현해야 한다는 사실에 있다."[30]

2) 학교 밖 정치교육에서의 논쟁성 원칙

학교 밖의 정치교육은 매우 다양한 세계관을 지닌 기관들에 의해 실시된다. 교회, 노동조합, 정당 관련 재단을 비롯해 많은 기관들이 다양한 행사를 마련한다. 그런데 노동조합이 주최한 세미나에서 노동자와 기업인의 입장이 동등하게 재현되어야 할까? 좌파당Die Linke 과 연계된 로자룩셈부르크재단이 패널 토론을 마련하면서 좌파당 정치인 외에 이를테면 자민당Freie Demokratische Partei: FDP의 대표를 항상 초대해야 할까?

'보이텔스바흐 합의의 아버지'인 지그프리트 실레조차도 교육 기관들의 세계관이 각기 그들의 교육 행사에 반영되는 것은 정당하다고 본다. 정치교육이 갖춰야 할 다원성은 서로 다른 입장을 지닌 서로 다른 교육 기관이 존재함으로써 보장된다는 것이다. 실레는 그런 종류의 행사에서는 "교수학습 차원에서 개방성과 투명성"이 보장되면 충분하다고 간주한다.[31] 성인을 위한 정치교육 전문가인 클라우스 알하임은 "엄밀한 의미에서 보이텔스바흐 합의는 오로지 학교 영역과 국가 교육 기관에서만 필수적"이라고 강조한다.[32] 성인 정치교육 행사의 참가자들은 학생들과는 달리 대개 자발적으로 행사에 참가한다. 그들은 스스로 판단할 수 있는 능력을 갖춘 성인이자 독립적으로 사고할 수 있는 성숙한 주체이다. 물론, 정치교육자들은 자신들의 입장을 행사 참가자들에게 교조화해서는 안 된다. 그러나 바로 그 이유 때문에라도 정치교육자들은 자신들의 입장을 공개적으로 드러내는 것이 필요하다는 주장이다. 그렇게 해야 비로소 행사 참가자들이 그 입장에 대해 대결할 수 있는 기회를 갖는다는 것이다.[33]

반면, 다른 저자들은 논쟁성 원칙이 학교 밖 정치교육에도 제한 없이 적용되어야 한다고 요구한다. 다양한 논거가 제시되었다. 먼저, 카르스텐 루돌프Karsten Rudolph의 경험 연구에 따르면, 그의 설문 조사에 응한 성인들의 다수는 초당파적인 교육 프로그램을 원한다고 답했다.[34] 호르스트 지베르트Horst Siebert에 따르면, 논쟁성 원칙을 수용하지 않는 정치교육은 성공 가능성이 거의 없다. "성인들은 자신들이 지침을 받고 있다거나 '재교육'을 받고 있다는 인상을 받으면 학습 거부나 회피의 반응을 보인다. '사람들은 의도를 알아채고 불쾌해한다' […]. 학습심리학에서는 그것을 '부메랑 효과'라고 부른다. 설득을 시도하는 것은 오히려 역효과와 의도에 반하는 결과를 이끈다."[35] 볼프강 잔더는 당파적인 교육 프로그램은 전문성이 떨어지는 것이라고 생각한다. "민주주의에서는 [⋯] '성숙'이 (공공) 학교 교육과 학교 밖 교육의 중심 사유임을 보편적으로 인정한다. 교조화는 그 중심 사유와 양립할 수 없다. 그렇기에 가르치는 사람의 교육학적 전문성은 자신이 갖고 있거나 이미 정해져서 내려온 정치적 입장을 효과적으로 전달하는 데 있는 것이 아니라 논쟁 재현을 통해 학습자가 독립적으로 판단할 줄 아는 능력을 독려하는 데 있다".[36] 베네딕트 비트마이어Benedikt Widmaier는 최근 저서에서 오늘날 보이텔스바흐 합의가 전체 그대로 학교 밖 정치교육에서도 대부분 인정받고 있다는 사실을 보이기 위해 수많은 학교 밖 정치교육자들을 언급했다.[37]

3) 논쟁성 원칙은 중립성 원칙인가?

독일 학생들과 교사들이 더러 보이텔스바흐 합의를 '중립성 원칙'으로 잘못 이해하고 있다는 지적이 많다.[38] 모니카 오베를레Monika Oberle는 그것을 벨링의 문구 탓으로 돌린다. 벨링은 텍스트에서 논쟁 재현 원칙에 관해 다음과 같이 적었기 때문이다. "이 두 번째 원칙을 확인함으로써 교사의 사적 입장, 학문적 배경, 정치적 견해가 왜 상대적으로 별로 중요하지 않은지가 분명해진다." 물론, 벨링 스스로도 다음과 같이 덧붙였다. "교사가 민주주의를 어떻게 이해하고 있는지는 아무런 문제가 되지 않는다. 왜냐하면 그 교사의 이해에 대립하는 다른 견해들도 함께 다루어지기 때문이다."[39]

따라서 정치교수법에서 논쟁성 원칙이 중립성 원칙으로 오인되어서는 안 된다는 점은 이론의 여지가 없다. 실레는 "보이텔스바흐 합의의 원칙들은 비로소 논쟁을 가능하게 하는 최소합의일 뿐이다. […] 보이텔스바흐 합의는 정치 논쟁을 원하고 독려한다."고 말했다.[40] 안야 베잔트Anja Besand도 다음과 같이 말한다. "논쟁성 원칙을 중립성 원칙으로 해석하는 것은 잘못이다. 정치교육에서 중요한 것은 반대 입장을 억제하고 멀리하도록 만들거나 갈등이나 토론을 회피하는 것이 아니라, 오히려 그런 토론을 의식적으로 이끌어 내는 것이다."[41]

문제지향과 갈등지향이라는 교수법 원칙도 수업에서 논쟁과 문제가 다루어져야 한다는 것을 잘 보여 준다. 민주주의 사회에서 여러 정당들과 다양한 사회 집단들 사이의 서로 다른 입장들은 정당한 지위를 갖는다. 정치교육의 목표가 학생들을 정치적으로 성숙하고 판단력을 갖춘 시민으로 만드는 것이라면, 수업에서 다양한 입장들이 다루어져야 한다.

이때 정치교육자들 스스로도 결코 비정치적이어서는 안 된다. 정치교육자들은 민주주의를 위해 열정을 갖고 헌신해야 하고 더 나아가서 논쟁 중인 정치 이슈들에 대해서도 자기 입장을 가져야 한다. 달리 말하면, 정치교육자들은, 학습자들에게 갖추도록 독려되는 정치와 관련된 지식, 판단 능력, 행동 능력을 그들 스스로가 지니고 있어야 한다. 심지어 그들이 직접 정치나 사회 참여 활동을 하는 것이 이상적이다.

그러면 정치교육자들은 교육 프로그램 행사에서 자신들의 정치적 입장을 숨겨야 하는가? 학교 밖 정치교육과 관련해서는 누구도 그것을 요구하지 않는다. 논쟁성을 엄격하게 적용할 것을 옹호하는 사람들조차도 논쟁성 원칙은 "교육자들이 토론에서 자기 경험과 신념을 제시하는 것을 배제하지 않는다."고 말했다.[42] 이때 행사 참가자들과의 토론에서 민주주의적인 여타 입장들도 동등한 권리를 지닌 것으로 여겨지게 하고 참가자들을 강압하지 않는 것이 중요하다.

그런데 학교와 관련해서 이 문제에 정답을 찾기는 쉽지 않다. 교사들이 학생들에게 영향을 끼치지 않으려고 할지라도 교사를 롤모델로 생각하거나 더 나은 성적을 기대하며 생기는 의존성 때문에 학생들은 교사의 입장을 따르거나 적어도 그런 척할 위험이 있다.

그러나 그런 문제에도 불구하고 대부분의 정치교육자들은 학교 교육에서 교사들의 입장 표명을 근본적으로는 반대하지 않는다. 볼프강 잔더는 다음과 같이 밝혔다. "보이텔스바흐 합의는 교사들이 자기 나름의 정치적 입장을 갖는 것을 금하지 않으며(다만 공개적으로든 교묘한 방식으로든 그것을 학생들에게 강요하는 것을 금할 뿐이다) 아울러 어떤 상황에서도 어느 정도 일관된 '중립적' 태도를 가져야 한다고 요구하지도 않는다."[43] 모니카 오베를레는 다음과 같이 말했다. "교사의 정치 신념은 의도하지는 않더라도 계속 수업에 영향을 끼치기 때문에 자신의 입장에 대해 침묵하는 행동은 오히려 결과적으로 학습자들을 아주 교묘한 방식으로 강압할 수 있다. 게다가 개인적인 정치적 견해와 자신의 정치 참여에 대해 공개하는 것은 '교사의' 신뢰성 강화에 기여하는데, 그것은 학습자들에게 정치적 시민의 모범으로도 의미 있게 작용할 수 있다."[44] 프랑크 논넨마허는 심지어 모든 '중립적인' 교사들을 맹렬히 비판한다. "나는 중립적인 교사를 모범적인 역할로 삼는 것은 최악이라고 생각한다. 그것은 견해 상실과 자기 배제 및 불분명한 입장 표명이라는 악덕을 조장한다."[45]

청소년 대상 정치교육자인 벤노 하페네거Benno Hafeneger와 가톨릭 정치교육 아카데미 원장인 베네딕트 비트마이어는 교육자가 자기 입장을 표명해야 하는 또 다른 중요한 이유를 들었다. 이를테면, 하페네거는 다음과 같이 말했다. "자기 의사가 뚜렷하고 용기를 갖춘 매력적인 성인이나 (일시적으로나마) 이상화할 만한 인물을 찾고 있는 청소년들에게 교사나 교육자들은 그들이 찾으려는 '대상'이 될 수도 있다. 청소년들은 교사나 교육자들이 어떻게 생각하고 왜 그렇게 생각하며 세상을 어떻게 바라보고 정치적 인간으로서 그들이 어떤 사람들인지 등에 대해 알고자 한다."[46] 비트마이어도 다음과 같이 말했다. "자신의 입장을 분명히 밝히고 아울러 논쟁과 성찰을 통해 그것을 교육과정으로 끌어들이는 것이 반드시 강압이나 의식화를 의미하는 것은 아니다. 오히려 자신의 입장을 분명히 밝히며 흥미를 불러일으키는 성인은 아마도 청소년들의 정치화에 기여할 수 있다. 그것 또한 바로 정치교육의 목표이기도 하다."[47]

요컨대, 수업에서 교사가 자기 입장을 표명하는 것을 옹호하는 주장이 분명 더 우세하다. 게다가 아무리 노력해도 교사는 자기 입장으로 수업에 영향을 주는 것을 원천적으로 피할 수는 없다. 교사가 자기 입장을 밝힐 때에 비로소 학생들은 그것에 비판적으로 대결할 수 있는 기회를 갖는다. 교사가 자기 견해를 숨긴 채 수업을 진행하는 것이 그것을 공개적으로 주제화할 때보다 오히려 강압이나 교화의 위험이 더 크다.

4) 학생 강압은 어떻게 이루어지는가?

앞에서 밝혔듯이, 정치와 학문의 논쟁을 제대로 다루지 않으면 학생에 대한 강압이 이루어진다. 왜냐하면 그런 방식으로는 학생들이 정치적 판단 능력을 발전시킬 수 없기 때문이다. 또 만약 교사들이 자기 입장을 분명히 밝히되 그것을 토론 대상으로 삼지 않고 항상 올바른 것이라고 제시만 한다면 그것 또한 강압이나 교화의 위험을 안고 있는 것이다. 마지막으로 학습자 모두로부터 인정받지 못한 문화적 가치를 통해 강압할 위험도 언급되었다.

그 외에 틸만 그라메스는 정치교육의 실제에서 관찰되는 교묘한 방식의 또 다른 강압들도 열거했다.[48] 현대사의 인물을 영웅시하는 "영웅화를 통한 강압"도 그런 예다. 영웅들의 입장과 행동은 극찬의 대상이 되면서 어떤 문제 제기도 허용되지 않는다는 것이다. 그라메스에 따르면, 하나의 단일한 논증을 취하는 학습 집단에서 주로 나타나는 "연합을 통한 흡수"의 경우, 사실상 "교사와 학생 간의 동맹 협력 관계를 통해 성급한 의견 일치"가 이루어진다.[49] 이런 상황은 종종 도덕적으로 현실을 분석할 때나 정치적 올바름을 추구할 때 일어난다고 한다. 왜냐하면 문제에 대한 평가가 처음부터 결정되어 있는 것처럼 암시되는 동시에 다른 견해가 금기시되므로, 학생들이 다른 생각을 발전시켜 나갈 수가 없기 때문이다. "반대 의견을 무시"하는 것은 학생들이 그 나름대로 제시한 개별 주장들을 의식적으로 무시하는 문제일 수 있다. 그러나 그라메스에 따르면, 학생들의 주장 가운데 상당 부분은 교사들에게 전혀 이해받지 못한다. 그 결과 그것들은 주제와 적합하지 않는 것으로 여겨져 거부되는 경우도 많다. 그것은 담론 배제이기에 마찬가지로 강압으로 간주되어야 한다. 마지막으로 그라메스는 "조화를 통한 설득"의 강압을 언급했다. 그는 한 예를 통해 그 문제를 다루었다. 이를테면, 계약법상 오토바이 구매자의 연령에 제한을 두는 것이 청소년들에게 이로울 것이라는 견해가 옳은 것이라고 교화되는 경우다. 현존하는 법 규정에서는 이것이 의미 있는 '고객 조항'으로 간주되어 긍정적으로 평가된다. 이때 청소년들의 이견은 더 이상 적절하지 않게 보인다.

정치교수법에서 교화 금지의 보편 적용과 해석 원칙을 둘러싸고는 어떤 논쟁도 존재하지 않지만, 그 금지를 실제로 준수하는 것이 얼마나 어려운지는 이런 예들을 통해 잘 알 수 있다.

5. 학습자의 이익 상관성(이해관계 인지) 원칙[50]

보이텔스바흐 합의의 세 번째 원칙은 정치교육의 역사에서 앞의 원칙과는 완전히 다른 역할을 한다. 3절에서 상세히 다루었고 2절에서도 롤프 슈미더러의 학생지향 논의와 관련해 암시했던 대로 세 번째 원칙은 처음부터 논쟁의 여지가 있었다. 그 원칙의 핵심 개념인 '이익'이 관점에 따라 서로 다르게 받아들여졌기 때문이다. 즉, 이익 개념은 마르크스주의, 다원주의, 공동체주의 또는 공화주의에 따라 각기 다르게 해석되었다.[51] 해석의 차이가 너무 커서 강압 금지와 논쟁성 원칙처럼 명백한 것으로 여겨지는 합의가 존재한다고 말할 수 있을지도 의문이다.

한편, 이익 개념을 둘러싼 논란은 제쳐 두더라도 세 번째 원칙은 정치교육에서 오랫동안 별로 주목받지 못했다. 아직 발표되지는 않았지만, 오베를레가 교사들을 대상으로 최근 실시한 설문 조사를 보면, 세 번째 원칙은 아직도 강압 금지 원칙과 논쟁성 원칙보다 인지도가 낮다. 다만 최근 이 세 번째 원칙과 관련해 몇 가지 중요한 문제들이 새롭게 논의되었다.

민주주의는 인민의 지배를 뜻한다. 다시 말해, 시민들이 주권자로서 정치권력을 행사한다. 그것은 개별 시민들에게 무엇을 의미하는가? 시민들 모두 정치적으로 행동해야 하는가? 그 질문들에 대한 답은 정치교육에 어떤 영향을 끼치는가? 정치교육은 교육 참가자들이 모두 정치행동 능력을 갖도록 만드는 것을 과제로 삼으며 그렇게 만들 의무가 있는가?

여기서 정치행동은 "정치와 정치 결정과 관련한 시민들의 목표 지향적인 태도"로 이해된다.[52] 그러니 정치행동은 사회행동과는 좀 다르다. 예를 들어, 학생들이 봉사 학습 프로그램의 일환으로 양로원에 가서 노인들에게 글을 읽어 주거나 컴퓨터 사용법을 알려 준다면 그것은 우선 사회행동이다. 그런데 예를 들어, 양로원의 구조적 상황을 공개적으로 논의하면서 노인 대비 간호인의 수를 비판하는 등의 일을 할 때 비로소 그들은 정치적으로 행동하는 것이다.[53]

우선 정치교육의 목표를 정치행동으로 간주할 수 있는지에 대한 논쟁을 다룰 것이다(5.1). 정치행동이 정치교육 수업에서부터 이루어져야 하는 것인가에 대해서는 여러 다양한 논쟁이 펼쳐졌다(5.2). 논쟁성 원칙에서와 마찬가지로 5.1과 5.2절은 학교 정치교육과 관련한 논의를 다루고, 5.3절은 앞 절과 구분해서 학교 밖 정치교육 논의를 따로 다룬다.

1) 정치행동은 정치교육의 목표인가?

민주주의가 정치행동에 나서는 시민들을 필요로 한다는 사실은 이론의 여지가 없다. 하지만 민주주의가 적극적으로 행동하는 시민들을 얼마나 많이 필요로 하고 그런 시민들을 얼마나 많이 감당할 수 있을지에 대해서는 견해가 엇갈린다. 마을과 같은 소규모 정치 단위를 제외하면 시민의 다수 또는 전체가 직접 정치에 참여하도록 하는 것은 현실적으로 불가능하다는 실용주의적 주장이 존재한다. 아울러 앞의 여러 질문들에 대한 대답은 민주주의관과 인간관에 따라서 각기 상당히 다르다.

단순하게 말하면, '대의민주주의'의 지지자들은 대다수 시민이 정치에 적극 참여하는 데 필요한 관심이나 필수적인 역량을 갖추지 못하고 있다고 전제한다. 그런 관점에서 보면, 진정으로 관심 있고 역량을 갖춘 시민들만이 정치에 참여하고 소수만이 직업 정치가가 되는 민주주의 체제가 이상적으로 보인다. 대의민주주의의 지지자들은 역량을 갖춘, 선출된 정치엘리트들이 '일반 시민들'보다 더 합리적이고 효과적인 결정을 내릴 것으로 기대하며, 일반 시민들의 경우에는 정기적으로 투표를 하는 정도면 정치 참여 수단으로 충분하다고 간주한다. 반면, '참여민주주의'의 지지자들은 가능한 한 많은 시민들이 가능한 한 많은 곳에서 적극적으로 함께 정치를 만들어 가야 한다고 믿는다. 그들은 시민들이 그렇게 할 수 있으며 시민들이 정치에 적극 가담함으로써 정치 역량을 더욱 강화할 수 있다고 생각한다. 참여민주주의의 지지자들은 참여를 넓히면 정치의 결과가 더 나아질 것이라고 기대한다. 왜냐하면, 분명 더 많은 사람들의 관심과 가치와 잠재력이 정치 결정에 반영되기 때문이다. 따라서 그들은 이미 존재하는 정치 참여 기회를 넓히고자 한다. 예를 들어, 시민 공청회 개최 횟수를 늘리거나 국민의 입법 참여 기회를 확대하고자 한다. 민주주의 이론에 대한 이 간략한 설명을 통해 알 수 있는 것은, 정치교육의 목표인 정치행동이 수행해야 할 역할에 대한 생각이 민주주의 이론의 기본 전제와 인간상에 따라 다르다는 것이다.

그렇기에 독일의 정치교육학 논의에서 정치교육의 목표로 상정된 가상 '시민상'은 다양했다.[54]

- 성찰적 관찰자: 정치에 대해 정기적으로 정보를 얻고 합리적인 근거를 들어 선거에서 결정을 내리는 시민.
- 참여능력 보유 시민: 위의 경우에서 더 나아가 때에 따라서는, 특히 자신의 이익과 관련된 일이 발생할 때는 항상 정치 참여에 나서는 시민.
- 능동 시민: 지속적으로 정치에 참여하며 정치가 삶의 근간이 된 시민.

이 세 종류의 시민상은 실제 정치교육에서 어떤 결과를 낳을까? 우선 그 세 유형의 시민이 각기 서로 다른 정치 역량을 필요로 한다는 것은 명백하다.

- '성찰적 관찰자'는 무엇보다도 정치 내용에 대한 지식을 필요로 한다. 그들은 정치 제도의 구조를 알고 정치 체제 내에서 정치 과정들이 어떻게 돌아가는지를 알아야 한다.
- '참여능력 보유 시민'은 위의 내용 외에도 정치에 참여할 수 있는 장소와 수단에 대해 알아야 한다. 그들은 정치에 참여하기 위한 의사소통 능력과 전략 능력이 필요하다.
- '능동 시민'은 정치 지식과 정치 능력 외에 무엇보다도 정치 참여에 많은 시간과 에너지를 계속 쓸 수 있는 동기를 부여해야 한다.

정치교육은 이 역량들 중 어떤 것을 함양해야 하는가? 대의민주주의의 지지자들은 무엇보다도 정치 지식의 전달에 큰 의미를 둔다. 반면, 참여 민주주의의 지지자들은 정치교육이 소통과 전략 능력을 증진시켜야 하며, 정치교육 학습자들이 정치에 참여할 수 있도록 동기를 유발해야 한다고 본다. 여기서 다시금 민주주의 이론의 서로 다른 관점들이 정치교육의 내용과 방법 선택에 영향을 미친다는 것을 알 수 있다. '참여능력 보유 시민'과 '능동 시민'의 교육을 위해서는 행동지향의 방법이 특히 중요하다. 그것은 이미 교육과정에서 동참을 위한 필수 역량으로 권장되었다.

시민상에 대한 토론은 주로 학교 정치교육의 차원에서 이루어졌다. 정치교육자들은 여기서 매우 상이한 입장을 취한다. 예를 들어, 볼프강 잔더는 학생들에게 특정 시민상을 제시해서는 안 된다는 견해이다. "민주주의에서는 적법한 시민의 역할이 수없이 많다. […] 여기서 정치교육의 과제는 시민들이 자신에게 맞는 시민의 역할을 스스로 찾도록 돕는 것이다."[55] 반면, 파울 아커만 같은 학자들은 특정 시민상을 제시하는 것을 옹호한다. "나는 지속적인 정치 참여가 아니라 정치적 참여능력 보유가 현실적인 목표라고 생각한다. […] 그리하여 학생들은 수업에서 단지 정치적 사건과 문제를 평가하는 것뿐만 아니라 자기 또는 타인의 이익을 대변하기 위해 직접 정치에 개입할 수 있는 방법을 배워야 한다."[56]

물론, 여기서 아커만의 주장은 민주주의 이론이 아니라 오히려 실용성에 기초했다. '정치교육'이라는 작은 교과 과정의 제한적인 영향을 고려할 때, 비록 민주주의 이론의 관점에서 그것이 바람직하다고 해도, 모든 학생을 능동 시민으로 만들 가능성은 없다. 여타 많은 정치교수법 학자들 그리고 특히 교사들은 바로 이 실용적 주장을 내세운다. 대부분의 독일 주에서는 학교의 정치교육 수업 시수가 몇 시간 밖에 되지 않는다. 따라서 많은 학생들을 그 짧은 시간 동안에 참여 능력 보유 시민이나 심지어 능동 시민으로 만드는 것은 사실 현실성이 없다.

어떤 시민상을 이상으로 삼든 현실에서 우리는 정치에 아무 관심도 없는 학생들을 만나는 경우가 잦다. 그런 학생들에게는 문제지향적인 주제를 내용과 방법을 다양하게 바꾸어 가며 제시함으로써 정치에 대한 관심을 불러일으키는 것이 중요하다. 그 학생들이 보기에 수업에서 다루는 현실 정치의 문제들이 자기 자신의 삶에서도 중요하고 자신의 선택이 영향을 끼친다고 생각되면, 그들도 또한 정치 문제에 대해 관심을 갖는 일이 자주 생긴다. 물론, 그렇더라도 대의제 민주주의에서는 수업 외에서 정치 문제에 대해 관심 갖는 것을 반대하거나 정치 참여를 의식적으로 거부하는 결정 등은 정당하다. 학생들의 그런 결정을 비난하며 학생들을 강압하는 일이 발생해서는 안된다.

더 큰 문제는 민주주의를 근본적으로 거부하면서 정치에 무관심한 학생들의 경우다. 그런 학생들에게는 비록 민주주의 정치 체제가 현실에서는 문제가 많더라도 그것만이 시민에게 자유, 평등, 정의 같은 기본 가치들이 지속될 수 있도록 보장해 준다는 것을 분명하게 알릴 필요가 있다. 성적 평가가 필요한 수업에서는 내용을 논증하는 것이 관건이다. 물론, 일상생활에서 적절한 예를 들어 민주주의 원칙이 무시될 때 사람들에게 어떤 결과를 낳는지를 보여 줌으로써 학생들의 감정에도 자극을 주는 것도 중요하다. 하지만 결국 수업은 항상 학생들이 민주주의 가치를 다루며 인지하는 것을 지향한다.

한편, 민주주의를 근본적으로 거부해 극우 단체에 가입하거나 동조하는 학생들의 경우에 정치교육 수업은 이성적 설명도 한계에 부딪칠 수밖에 없다. 이런 경우는 민주주의 교육이 필요하다. 정치뿐만 아니라 사회의 일상적인 공생을 위해서도 민주주의의 기본 가치가 중요하다는 사실을 명료하게 보여 주려면 모든 수업 과목과 학교 전체가 나서야 한다. 이때 교사들은 민주주의 수업문화를 실천하며 모범을 보여야 한다. 또 학생들이 자신들의 이익과 요구가 진지하게 고려되고 학생 대표 기구를 통해 그것이 제도화되어 있다고 느낄 수 있는 민주주의 학교문화도 필요하다. 학교는 교사들 외에도 전문 자격을 갖춘 사회교육가나 심리상담사가 필요하다. 사회교육가와 심리상담사는 민주주의를 거부하는 학생들을 집중적으로 상대한다. 그들은 교사와는 전혀 다른 방식으로 학생과 관계를 가질 수 있다. 왜냐하면 그들은 교사와 달리 학교 교실에 있을 필요도 없고 학생들의 진로를 결정하는 성적을 매기지도 않기 때문이다. 게다가 학생들에게 분쟁 조정과 갈등 해결을 연습시키는 교내 프로젝트도 민주주의 교육에 기여할 것이다. 또한 학교 밖 교육전문가들의 도움을 받는 것도 중요하다. 예를 들면, 극우 성향 학생들의 문제를 다룰 특별 교육 프로그램을 수행할 수 있는 교육전문가들과의 협력이 필요하다.

요컨대, 민주주의를 근본적으로 거부하는 학생들을 상대하는 일을 정치교육 교사들에게만 맡겨 두어서는 안 된다. 정치교육 교사들은 교내 동료 교사들, 사회교육가들과 교장, 그리고 학교 밖 활동가들로부터 도움을 받아야 한다.

2) 정치교육 차원에서의 정치행동?

학교 정치교육 수업에서 자기 이익 실현을 위한 정치행동과 관련한 두 번째 쟁점은 수업이나 세미나에서 실제 정치행동이 이루어져야 하는지에 관한 문제다. 프랑크 논넨마허는 묻는다. "학급 학생 전체(또는 그중 상당수)가 쟁점을 집중적으로 다룬 후 […] 그 문제에 대해서 그저 그럴듯한 논평을 하는 데 만족해서는 안 되며 오히려 그 논리적 귀결을 드러내고 실천에 나서야 한다는 생각에 도달한다면, 어떻게 하는 것이 정당한가?"[57]

베네딕트 비트마이어는 교육과정의 틀에서 실제 정치행동에 나서는 것을 옹호한다. 왜냐하면 "정치 활동의 자극과 동반"[58]을 통해서만 정치 참여에 필요한 능력을 기를 수 있기 때문이다. 게다가 학생들은 그것을 통해 자기 영향력을 경험할 수 있다. 그들은 자신의 행동을 통해 정치에 영향을 미칠 수 있다는 것을 경험하며 그것은 그 후에도 계속 자율적인 정치 참여의 "동력"이 된다.[59]

반면, 요아힘 데트옌은 그것에 대해 회의적이다. "전문적인 정치

활동은 나중에 정당이나 조직 또는 시민단체 같은 실제 정치 현장에서 배우게 된다. 그에 반해 학교가 할 수 있는 것은 나중의 정치행동을 위해 인지적 전제 조건들을 만들어 주는 것, 이를테면 헌법상 허용되는 정치 참여 방식들을 알려 주는 것이다."[60] 데트옌도 수업의 결과로 학생들이 어느 정도는 정치행동으로 나아갈 수 있음을 알고 있다. 그러나 그가 보기에 그것은, 이를테면 "놀이터나 여가시설을 둘러싼 논의의 경우처럼, 한 학급이 동네 문제에 주목하거나 동네 발전 계획에 개입하는 것"에 한정된다.[61]

모니카 오베를레도 일단 조심스럽다. "정치 참여를 성공적인 수업 척도로 간주하는 것은 보이텔스바흐 합의의 첫 번째 원칙인 강압 금지와 조응하기 어렵다. 성숙한 시민의 자유는 행동하지 않을 자유를 뜻하기도 한다. [...] 그것을 부정하는 사람은 학생들을 강압한다는 비난을 받아 마땅하다." 특히 학교와 관련해서 보면, 성적 평가나 집단 내 역동적 과정은 "학생 개인의 자유로운 행동 결정"을 제한할 수도 있다. 오베를레에 따르면, 다만 "기본법의 근본 규범을 지키기" 위한 정치활동만이 예외다. 또 학생들이 동시에 선택 가능한 다양한 참여 기회들을 가질 수 있는 상황, 이를테면 서명 방식이나 다양한 온라인 청원 발의 사이에서 선택할 수 있는 상황들만이 예외다.[62]

정치교수법에서 실제 정치 참여에 대한 대안으로 자주 언급되는 것은 모의 활동을 활용하는 것이다. 많은 정치교수법 학자들의 견해에 따르면, 학생들은 다양한 역할을 맡아 정치적 의사결정 과정이나 정치 토론을 모방하는 모의 연습 또는 모의 토크쇼 같은 행동지향적인 수업 방법으로 정치 참여에 필수적인 방법 역량, 전략 역량, 소통 역량을 갖출 수 있다. 그런데 보이텔스바흐의 세 번째 원칙에도 학생들이 "정치 상황과 자신의 고유한 이익 상태를 분석"할 수 있도록 해야 한다는 요구가 담겨져 있는 사실을 특별히 고려하면, 주어진 역할에 따른 모의 활동과 자신의 이익을 실현하기 위한 실제 행동은 같은 차원의 일이 아니다. "보이텔스바흐의 세 번째 합의점은 '가상공간 학교'에서의 예행연습을 넘어서 있다. 학생들의 이익에 근거한 정치교육은 삶의 현실 상황에서 시작되고 사적 이익과 동기와 충격을 수업의 근간이자 대상으로 삼는다."[63]

프랑크 논넨마허가 이 절 앞에서 던진 질문, 즉 '학생 스스로 정치에 참여하고자 하는 욕구를 드러내면 교사들은 그것에 어떻게 대응해야 하는가?'에 대해서는 간단히 답할 수 없다. 수업에서 실제 행동을 다루는 것에 대한 찬성과 반대 입장 모두 묵중하기 때문이다. 논넨마허 자신은 학생들의 정치행동을 지지하지만 다음과 같이 분명한 조건들을 제시했다. "수업을 통해 생겨나는 정치 참여는 우선 해당 주제에 대해 가능한 한 포괄적인 지식을 기반으로 일어나야 한다. 문제 분석이 선행되어야 한다는 말이다. 둘째, 모든 참가자, 즉 교사와 학생들에게 정치행동은 완전히 자발적이어야 한다, 또 그것은 공식적인 수업 시간 외의 경우도 마찬가지여야 한다. 동참하지 않는다고 해서 비난이나 제재를 받아서는 안 된다. 셋째, 민주적인 공론장이 마련되어야 한다. 그것은 '활동가'들에게 명료한 책임감을 갖게 만들고, 인격을 발전시키고 더 많은 학습 동기를 유발하는 담론 분위기를 제공한다."[64] 논넨마허에 따르면, 그런 조건들이 충족된다면 학생들의 정치활동은 "정당할 뿐 아니라 정치교육이 계몽과 비판을 지향한다는 의미에서 보면 바람직하기도 하다."[65]

3) 학교 밖 정치교육에서의 정치행동?

독일의 학교 밖 정치교육은 학교 정치교육과는 전혀 다른 전통을 가지고 있다. '활동지향'은 그 역사의 일부다. 노동조합이나 정당 소속 재단 같은 정치적 교육 기관뿐만 아니라 심지어 시민대학 Volkshochschule도 정치적 공론장의 일부로 여겨졌다. 그리하여 이를테면, 지자체 정치에 참여하는 시민단체를 지지하거나 심지어 창립하는 형식의 '구역 활동' 또는 여성, 견습생, 실업자를 비롯한 여타 차별 대상 집단들과 연대 활동을 전개하는 '특별 활동' 등은 1970년대 시민대학의 당연한 역할로 간주되었다. 물론, 당시에도 그 활동 지향성에 대해 비판이 있었고 그 소리도 컸다. 학습과 행동 및 활동과 성찰을 분리해야 한다는 주장은 점점 더 강력해졌다.[66]

그럼에도 불구하고 정치행동은 여전히 학교 정치교육에서보다 학교 밖 정치교육에서 더 큰 의미를 지닌다. 여기서 의식화의 위험은 별로 크지 않다. 참가자는 성인이며 자발적으로 참여하기 때문이다. 또 참가자는 언제든지 자발적으로 그 프로그램을 멀리할 수 있으며 성적으로 평가를 받는 것도 아니기 때문이다. 따라서 학교 밖 정치교육은 오늘날에도 여전히 "다원화와 다양성과 차이 그리고 그 결과로

발생하는 전망 불투명성을 특징으로 갖는 정치문화에서 창조와 매개
활동"을 전개할 수 있는 기회를 얻는다.[67] 학교 밖 정치교육은 정치적
으로 효과 있는 민주주의 공론장의 일부다. 왜냐하면 "그것은 새로운
정치적 주제와 요구들을 명료하게 드러내고 정당화하고 방어하는 공
간을 제공하기 때문이다."[68]

6. 독일 외의 국가에서 보이텔스바흐 합의?

요즘 일부 사람들이 말하는 것과는 달리 보이텔스바흐 합의는 독
일 정치교육의 전환점이 아니었다. 하지만 결과적으로 보면 보이텔
스바흐 합의는 독일 정치교육의 규범적 토대로 큰 효력을 발휘했음
이 분명하다. 합의 문구 자체를 둘러싸고 계속 진행된 수많은 논쟁에
도 불구하고, 아니 바로 그 논쟁 때문에 더욱 그렇다.

2016년 보이텔스바흐 합의 40주년 기념 학술회의에서 실레는
"보이텔스바흐 합의의 영향력은 독일에만 한정되지 않았다.", "보이
텔스바흐 합의는 국경이 없다."고 말했다.[69] 보이텔스바흐 합의는 여
러 언어들로 번역되었고, 한국의 국제학술회의에서도 논의되었으며,
한 한국인은 1993년 이에 대한 박사 논문도 썼다.[70]

잔더는 "보이텔스바흐 합의의 숨겨진 '강령'을 한 문구로 정리하
면 아마 '정치교육을 교육학화하기'라고 말할 수 있을 것"이라고 요
약했다. 사실 잘 드러나지도 않고 항상 인용되는 것도 아닌 한 표현

문구, 즉 "학생의 성숙이라는 목표 설정"이란 말은 보이텔스바흐 합의의 첫 번째 원칙 말미에 있다.[71] 그 속에 바로 보이텔스바흐 합의의 교육학적 핵심이 숨겨져 있다. "정치적 요구는 상당 부분 그 교육학적 관점에 부딪쳐 '깨져' 버릴 수밖에 없다. 왜냐하면 교육과 관련한 상황에서 정치적인 것을 재현할 때에는 교육학적 관점이 핵심 필터가 되기 때문"이라고 잔더는 강조했다.[72] 성숙이라는 이 교육학적 목표 설정이 모든 민주 국가에서 정치교육의 토대가 되어야 한다. 민주주의는 인민주권에 기초해 있으며 반드시 성숙한 시민들에게 의존해야 한다. 그런 면에서 보면 보이텔스바흐 합의는 다른 나라들에서도 정치교육의 규범적인 교육학적 토대가 될 수 있다.

물론, 보이텔스바흐 합의의 원칙들은 실천을 위한 구체적인 행동 지침을 제공하지 않는다. 동독 지역의 교사 연수에 참여했던 한 교사는 "보이텔스바흐 합의를 통해 저는 무엇을 해서는 안 되는지를 알았지만 무엇을 해야 할지는 모르겠어요."라며 핵심을 찔렀다.[73] 보이텔스바흐 합의는 다만 규범적 "원칙을 다룬다. 교육학적 실천의 활동 방향은 그 원칙에 입각해 정할 수 있다. 그 원칙들은 합의에 기초한 이론의 여러 측면에 의지하고 있기 때문이다. 그것은 이를테면, 성숙을 정치교육의 핵심으로 보는 사유, 논쟁을 정치와 학문의 중심 특징으로 확인하는 것, 개인과 집단의 이익 대변의 정당성 인정, 그리고 마지막으로 교사의 직업적인 과제와 사적인 정치 견해 사이의 구분이다."[74]

그렇지만 그 원칙들은 너무 일반적이어서 보이텔스바흐 합의만으로는 정치교육을 개념적으로 충분히 논증할 수가 없다.[75] 그것은 앞서 본론에서 서술한, 보이텔스바흐 합의의 해석을 둘러싸고 발생한 수많은 논쟁을 보면 잘 알 수 있다. 그 합의 문구들이 매우 일반적이었고 계속 해석이 필요했기에 논쟁이 불가피했다. 따라서 보이텔스바흐 합의는 최소합의로 이해되어야 한다. 그렇게 합의가 가능했던 이유는 그 원칙들이 해석을 필요로 했기 때문만이 아니라, 그 안에 담긴 민주주의 기본 규범을 넘어 다양하게 해석될 수 있었기 때문이다. 규범적인 기본 원칙이 정치교육에서 구체적으로 적용되는 양상은 매우 달라, 어떤 규정도 한 사회의 모든 집단에게 합의 가능한 것이 될 수는 없다. 아마도 이 세 원칙은 너무 일반적이기 때문에 독일에서는 보지 못했던 새로운 이해 방식들이 여타 민주주의 정치 제체에서 나타날 수도 있다. 그것은 보이텔스바흐 합의가 독일 외의 여타 민주주의 체제에서도 정치교육 발전을 위한 최소합의가 될 수 있음을 적극 보여 준다.[76]

물론, 유념해야 할 것이 있다, 앞의 2절에서 서술했듯이, 보이텔스바흐 합의 이전에 정치교수법의 여러 다른 원칙들이 존재하고 있었다는 사실이다. 그 원칙들은 1976년 독일의 정치교육 논의에서 이미 정치교수법의 최소합의 중 일부였다. 전형성, 문제지향, 범주교육, 갈등지향, 학생지향 같은 정치교수법 원칙들이 없었다면 보이텔스바흐 합의를 창안해 낼 수는 없었을 것이다. 한국에서도 보이스텔바흐 합의에 대해 토론이 일고 있는 것을 알지만, 그 토론이 더 다양한 정치교수법 원칙들을 포함한 합의의 일정한 전제 조건들을 고려하지 않고 진행된다면 금방 사그라질 수 있다. 보이텔스바흐 합의의 원칙들을 포함해 정치교수법의 원칙들 전체야말로 민주주의 정치 체제의 정치교육을 위한 건실한 기반을 제공할 수 있다.

끝으로 마지막 맥락을 언급하겠다. 보이텔스바흐 합의는 독일에서 정치교수법 분야의 학술 토론의 틀에서 생겨났다. 그것은 나중에 교사와 정치가들에 의해서 정치교육의 규범적인 근간으로 수용되었으며 점차 교과과정이나 학교 밖 정치교육 준거안 같은 수많은 교육 정책 자료에 포함되었다. 그러나 그 "확산을 위해서 보이텔스바흐 합의가 그저 공적 직인을 옮기는 방식으로 진행된 적은 한 번도 없었다는 사실은 매우 중요하다. 보이텔스바흐 합의는 자발적인 선택 대상이었고 그럼으로써 그것은 정치교육의 오용을 막았다."[77] 물론, 보이텔스바흐 합의와 여타 정치교수법 원칙들을 정치적 결정, 이를테면 교과과정을 비롯한 교육 정책의 지침 방식으로 안착시키는 것도 분명 가능하다. 그러나 그것은 현재 한국에서 진행되는 것과 같은 토론, 즉 학자, 교사, 대학생과 중고등학생들 사이에서 그리고 이 문제에 관심을 둔 정치적 공론장에서 벌어지는 폭넓은 사회적 토론을 대체할 수 없다.

번역: 이경택(외국어교육학 박사, 서울대·목포대 강사)

제2부

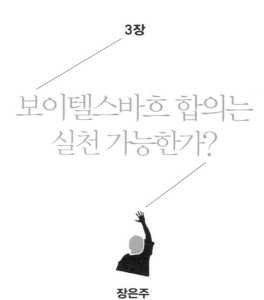

3장

보이텔스바흐 합의는
실천 가능한가?

장은주

과연 보이텔스바흐 합의가 교육 현장에서 실천될 수 있을까? 사실 보이텔스바흐 합의는 그 단순한 외관에도 불구하고, 막상 실천하려고 하면 적지 않은 의문과 오해가 생길 수 있다. 심지어 독일에서도 보이텔스바흐 합의의 각 조항들은 교사들 사이에서 드물지 않게 많은 오해를 낳고 이런저런 의문에 부딪친다고 한다. 그것은 아마도 직관적 자명성에도 불구하고 보이텔스바흐 합의를 실제 교육 현장에 적용하기 위해서는 여러 문제들을 해결하지 않으면 안 된다는 사정과 관련이 있지 싶다. 이 책 제1장과 제2장에서도 얼마간 설명되었지만, 이를 둘러싸고 제기될 수 있는 몇 가지 오해와 의문을 해명하면서 보이텔스바흐 합의가 구체적인 교육 현장에서 무엇을 의미할지에 대해 살펴보기로 하자.

1. 보이텔스바흐 합의에 대한 오해와 의문

이하의 논의는 독일 바덴뷔르템베르크 주정치교육원의 로베르트 파일Robert Feil 박사와의 인터뷰에서 얻은 정보를 바탕으로 한 것인데, [그림1]의 도식을 참조하면서 하나하나 간단하게 살펴보자.

주제(사안)

전문성 · 교육을 위한 합의

토론성

행동지향: 자극

행동지향

교수법

논쟁성

수업에서
보이텔스바흐
합의는 무엇을
의미하는가?

학생　　　　　　　　　　교사

강압(교화) 금지

상호작용

주제지향: 사회(司會)

| 그림1 | 로버트 파일 박사의 보이텔스바흐 합의 설명 도식

1) 강압(교화) 금지

이 원칙은 '교사와 학생 사이의 상호작용'과 관련된 것이다. 이에 따르면 교사들은 학생들의 주체성을 중심에 두어야 하며 교사는 일종의 사회자의 역할에 머물러야 한다. 그러나 과연 수업에서 이런 원칙을 실천할 수 있을까? 우선, 교사도 인간이고 시민인 이상 특정한 정치적 사안에 대해 일정한 견해를 가질 수밖에 없는데, 그런 것이 교육과정에서 어떤 식으로든 역할을 할 수 있을 것이다. 또 학생들은 점수에 민감하고 교사에게 매우 의존적이라서 교사들은 일정한 권위를 가질 수밖에 없는데, 이런 요소도 교육에 큰 영향을 끼친다. 교사들이 비당파적이고 중립적이며 객관적으로 사안을 다룬다는 것이 구체적으로 어떤 것인지가 사실은 전혀 분명하지 않은 것이다.

제일 많이 제기되는 종류의 질문은 이런 것이라고 한다. "이 원칙을 따름으로써 수업이 비생산적이고 비정치적으로 되지는 않을까? 교사가 마치 정치적 사안들에 대해 아무런 견해도 없는 것처럼 학생들에게 비치지는 않을까?"

2) 논쟁성에 대한 요청(논쟁성)

이 원칙은 '교수법'과 관련된 것이라 할 수 있다. 이에 대해서는 기본적으로 누구에게나 객관적으로 드러날 수 있는 논쟁성의 확보가 사실은 생각만큼 쉽지 않다는 사정으로 인해 의문이 제기된다. 사실 우리가 문제되는 사안과 관련된 모든 입장이나 이해관계를 다 살펴보는 일은 불가능할 것이다. 더구나 한정된 수업 시간 내에는 더더욱 그럴 것이다. 현실적으로 교사들이 사회에서 논쟁이 되고 있는 사안들의 모든 쟁점을 파악할 만큼 전문적인 능력을 갖추기도 쉽지 않으며, 학생들을 대상으로 사안을 어느 정도까지 논쟁적으로 드러나게 해야 하는지도 분명하지 않다. 만약 일정한 필터링이 불가피하다면 그 기준이 무엇인지도 불분명하다.

그뿐 아니라 이런 종류의 질문들도 제기된다. "그렇다면 인권이나 기본권은? 이것들도 논쟁적으로 수업에서 다루어야 하는가?" 또는 "학생들은 무엇이 정의인지 배워야 하지 않을까? 정의는 논쟁적으로 다루어서는 안 되는 사안 아닌가?"

3) 이해관계 인지(행동지향)

이 원칙은 학생들에 대한 '동기 부여 방법론'과 관련된 것이다. 학생들이 정치적인 사안들에 관심을 갖고 올바른 정치적 행동 주체로 성장할 수 있도록 하기 위해서는 학생들의 이해관계를 존중하는 방식으로 접근해야 한다는 데 요점이 있다. 그러나 그렇게 학생들의 이해관계를 강조하고 행동을 부추겨서 도대체 어떤 목적을 달성하려 할 것인지에 대한 의심을 불러일으킬 수 있다.

자칫 이해관계를 강조하는 것이 엉뚱한 결과를 낳을 수도 있고, 바람직하지 않은 행동으로 이끌 수도 있다는 것이다. 예컨대 자신의 관심이나 이익만 중요하게 생각하게 될 수도 있다. "자신의 이해관계의 상태"를 분석한다는 것이 무엇을 의미하는지도 분명하지 않다. 정치 교육이 모종의 맹동주의를 조장하는 것으로 오해될 여지도 있다.

예를 들면 이런 질문들이 제기될 수 있다. "학생들을 이기주의자로 만들고 최대한의 이익만 좇으라고 가르치란 말인가?" 또는 "학생들이 곧바로 행동을 해야만 한다는 이야기인가?"

2. 다양한 해석 가능성과 교사의 역할

보이텔스바흐 합의는 일종의 교육을 위한 가이드라인이고 단지 '최소합의'일 뿐이며, 각 원칙들의 해석 가능성은 다양하게 열려 있다. 그래서 도이블레Däuble,[1]는 보이텔스바흐 합의의 생산성은 바로 이 원칙들을 어떻게 해석할지를 두고 서로 다투는 데서 오는 의견 불일치에 있다고까지 했다. 원칙들에 대한 해석을 둘러싸고 다양한 토론이 오가는 과정에서 그 의미가 드러나는 합의라는 것이다. 보이텔스바흐 합의는 말하자면 하나의 '규제적 이상'으로서, 각 원칙이 문자 그대로 완전하게 실천될 수 있어서라기보다는 교사들이 그 이상에 가능한 한 가깝게 다가가려는 실천적 노력을 통해 끊임없이 스스로를 성찰하도록 독려하는 데 그 생산적 기능과 의미가 있다고 이해하는 것이 맞지 않을까 한다.

이런 맥락에서 파일 박사는 이 합의가 교사들에게 그러한 노력과 성찰 없이 일면적인 정보나 편견에 기초한 의견과 판단을 가지고 교육하지 말라는 것을 요청하는 데 참된 초점이 있다고 했다. 그러한 일면적인 의견과 판단은 유지되기 힘들고 학생들에게도 쉽게 받아들여지지 않거나 의문에 부쳐질 것이기 때문이다. 또 교사의 전문성에 대한 지향과 근본적으로 어긋날 뿐만 아니라 학생들의 성숙이라는 목적도 달성할 수 없기 때문이다.

나아가 그는 몇 가지 비현실적인 가정들도 제거할 필요가 있다고 했다. 가령 학생들이 그 어떤 개인적 이해관계도 고려하지 않고 정치와 민주주의의 이상을 받아들일 것이라는 생각은 환상일 뿐이라는 것이다. 그에 따르면, 학생들이 자신들의 이해관계를 중심으로 사고한다고 해도, 그 안에는 가치에 대한 고려가 들어가 있기 마련이며, 자신만의 것이 아니라 다른 동료 시민의 이해관계도 고려하게 될 것이다. 또 학생들은 자유와 정의 같은 가치들을 하나도 모를 것이라고 가정해서도 안 된다고 했다. 학생들은 이미 민주주의 사회에서 살아오면서 어느 정도는 그런 가치와 이상에 익숙해져 있다는 것이다. 문제는 그것을 구체화하는 것이고, 그 과정에서는 불가피하게 의견 차이가 노출될 수밖에 없음을 놓치지 말라고 했다.

이런 맥락에서 파일 박사는 보이텔스바흐 합의와 관련한 교사의 역할에 대해 다음과 같은 일반적인 원칙을 제시했다.

▶ 스스로 비정치적인 교사가 정치교육을 할 수는 없다.
▶ 교사에게 필요한 것은 모호성을 인내하고 스스로를 상대화할 수 있는 능력이다.
▶ 교사도 자기 자신의 정치적 입장을 드러낼 수 있는데, 단, 개인적인 숙고 과정의 결과임을 분명히 하고 의심과 불확실성 또는 수정의 가능성

을 부정하지 않으면서 그렇게 한다.
▸ 교사는 우선 학생들 스스로가 지닌 다양한 의견들을 분류함으로써 관점의 다양성을 드러내려고 시도한다.
▸ 교사는 다양한 가치들의 경쟁과 긴장 영역을 고려하면서 전문적으로 잘 정초된 판단과 입장을 정리해서 제시한다.
▸ 만약 학생들 사이에서 민주주의의 근본 원칙이나 기본권이 침해되는 현상이 문제되지 않고 그대로 있다면, 교사는 단호하게 명확한 입장을 취할 의무가 있다.
▸ 학생들이 스스로 판단을 형성하고 행위를 할 수 있게 되기 위해서는 학생들에게 적절한 동기를 가질 수 있도록 자극하고 각자의 학습 수준에 맞게 학습 목표를 설정하도록 하는 것이 불가결하다.

이하에서는 두 번째 '논쟁성의 원칙'을 중심으로 그 원칙을 교실에서 실현할 때 어떤 고려 사항들이 필요한지를 좀 더 구체적으로 살펴보기로 하자.

3. 보이텔스바흐 합의 실천을 위한 고려 사항

1) 민주적인 학교문화

보이텔스바흐 합의에 따른 교육을 실천하기 위해 우선적으로 필요한 것은 사회 전체와 학교의 민주적인 문화다[2]. 사회와 정치에서는 물론이고 교육 현장에서도 갈등이나 이견을 백안시하지 않고 오히려 정상적일 뿐만 아니라 혁신을 위한 발판으로 이해하는 '관용'과 포용의 문화가 확립되어야 한다. 그렇지 않고서는, 논쟁성의 원칙을 핵심으로 하는 보이텔스바흐 합의 정신에 따른 교육은 설 자리가 없을 것이기 때문이다.

물론 그러한 관용과 포용에 대한 한계가 끊임없는 논쟁의 대상이 될 수 있다. 가령 민주적인 학교는 특수한 신념 체계(가령 이슬람교)를 용인할 수 있는지, 그렇다고 한다면 어느 정도까지 그래야 하는지 따위가 지속적으로 논란이 될 수 있다. 그러나 이런 논란도 단지 민주적이고 관용적인 문화에서만 가능하고 또 의미가 있다.

어떤 관점에서 보면 '민주적인 학교문화'에 대한 요청 자체가 논쟁성의 원칙을 교육에 적용한 결과라고 볼 수도 있다. 학생들은 이미 어린 시절부터 형제자매나 친구들과 놀이 규칙을 놓고 싸운다든가 하는 등 늘 갈등으로 익숙한 성장 과정을 경험하고 이해관계나 처지의 다양성을 갖고 있는 만큼 아주 자연스럽게 논쟁의 가치를 체득하고 있다고 할 수 있다. 이를 잘 살려 무엇보다도 학생들의 의견을 존중해 주는 문화가 필요하고, 학생들이 차이와 갈등을 비폭력적인 방식으로 해결하는 법을 배울 수 있도록 해야 한다.

현실의 민주적 공론장에서는 구조적인 논쟁성이 잘 드러나지 않고 가짜 논쟁이 일어나거나 문제를 지나치게 도덕적인 시각에서 바라보는 일이 잦다. 선거 정치는 때때로 진짜 문제를 호도하기도 하며, 깊은 숙고가 필요한 사안들에 대해서도 시간상의 압박을 이유로 결정을 서두를 때도 많다. 이런 이유 때문에라도 학생들의 민주적인 시민성을 제대로 성숙시키기 위해서 논쟁성의 원칙에 따른 학교 교육이 중요하다.

2) 교사의 역할과 중립성 문제

앞서 제2장에서도 강조되었지만, 논쟁성의 원칙은 교사에게 언제나 그리고 무조건 사안들에 대한 정치적 중립성을 요구하거나 자신의 견해를 숨기라고 요구하지 않는다. 교사는 결코 비정치적인 인간이 아니며 때때로 사회와 정치에 특정한 입장을 갖고 적극적으로 참여할 수도 있다. 이 사실을 부정해서는 안 된다.

교사가 학생들에게 쉽게 영향력을 행사할 수 있고 성적을 매개로 학생들을 조종할 수도 있기 때문에 매우 조심스러워야 하는 것은 사실이지만, 교사가 모든 사안들에서 언제나 일관되게 중립적일 수는 없다. 교사가 마치 아무런 의견이 없는 사람인 듯 보이는 것도 학생들에게 잘못된 영향력을 행사할 수 있다. 그런 무견해나 무관심이 바람직하다는 식으로 여겨질 수 있는 것이다.

교사는 자신의 정치적 입장을 잘 드러냄으로써 학생들에게 한 사람의 어른이자 시민으로서 사안을 어떻게 바라보고, 왜 그렇게 생각하며, 세계를 어떻게 이해하고, 어떻게 정치적 인간이 될 수 있는지 하나의 모범을 보일 수 있다. 자신의 입장을 분명히 하면서 그것을 수업에서 논쟁적이고 성찰적으로 다루는 것은 그 자체로 결코 학생들에 대한 교화의 시도가 아니다.

물론 교사는 학생들 사이에서 논쟁이 어떻게 진행되는가에 따라 유연한 역할을 취할 수 있어야 한다. 학생들의 의견이 동질적인지 이질적인지, 아니면 양극화되어 있는지, 혹시 학생들이 주제에 무관심한지에 따라 적절한 접근법을 발전시켜야 한다. 교사는 다양한 입장들 사이에서 '균형자'의 역할을 수행해야 한다.

교사가 단순화, 도식화, 잘못된 비유 등을 통해 문제를 단순화하거나 언론 등에 지나치게 의존함으로써 내용을 빠트리게 되면 본의 아니게 '은밀한 형식의 교화'를 감행하게 될 수도 있다. 권위적으로 사안에 대한 올바른 관점을 강조하거나, 흑백 논리에 빠지거나, 반론을 무시하거나, 억지 타협을 요구하거나, 가짜 논쟁을 만들어 내거나 하는 일이 모두 그런 교화로 연결될 수 있다.

그와 같이 의도적이지는 않더라도 은밀하게 진행되는 사실상의 교화를 완전하게 제거하는 것은 현실적으로 불가능하다고 보아야 한다. 그런 점에서 학생들이 오랜 배움의 과정에서 가능한 한 다양한 정치적 관점을 가진 여러 교사들을 만나게 하는 것도 중요하다. 그러니까 '작은 교화의 다원주의'를 통해, 다시 말해 학생들이 정치적 관점의 다양성을 가능한 한 풍부하게 경험하게 함으로써, 그들이 정치적 견해를 접하게 되는 과정 자체를 논쟁적으로 만들어 줄 필요가 있다.

논쟁성 원칙의 한계도 유의해야 한다. 모든 정치적 견해를 수업에서 정당한 입장으로 다룰 수 없다는 것은 명백하다. 특히 극단적 인종주의, 혐오 발언 등과 같이 특정 부류의 인간을 혐오하는 의견은 다른 의견들과 동일하게 취급해서는 안 된다. 교사는 분명하게 인간의 존엄성을 지지하는 입장을 취해야 한다. 물론 그렇다고 그런 입장을 취하는 학생들을 개인적으로 비난하거나 그 입장을 토론에 부치는 것 자체를 회피해서는 안 되겠지만 말이다.

3) 방법: 다중관점

논쟁성의 원칙은 방법적인 면에서 무엇보다도 다중관점 Multiperspektivität을 통해 실현될 수 있다.[3] 교사는 이를 통해 학생들이 다른 사람의 처지나 관점에서 문제를 바라볼 수 있게 역지사지의 자세를 자극해야 한다. 그렇게 함으로써 의견이 다른 상대를 악마화하거나 적대화하지 않고 다른 의견들도 그 나름의 합리적인 토대를 가질 수 있음을 인정하며, 충분한 숙고를 통해 때로는 합리적인 근거 위에서 자신의 관점을 바꿀 수도 있음을 학생들이 인식할 수 있도록 해야 한다.

교육 방법과 관련해서는 학생들의 학습 과정을 외부에서 직접적으로 조종할 수 있다고 보았던 과거의 '전달교수법' 대신, 학생들 스스로의 수용적 관점을 더 강하게 중심에 두는 접근법이 강조되고 있다.[4] 학습자들이 지속적인 배움의 성과를 얻기 위해서는 적절한 실천적 문제들을 실제로 다루면서 스스로 지식을 형성하고 기존의 지식 구조에 통합할 수 있어야만 한다는 인식이 출발점이다. 배움은 적극적이고, 개인적이며, 인지적 차원뿐만 아니라 감정적 차원을 포함하는 종합적인 과정으로 이해되어야 한다.

독일의 정치교육에서도 확립된 표준적 교수방법은 없는 것 같다. 다만 학습자들이, 선지식이나 선경험 및 나이나 학습 유형 등에 적합하게, 가능한 한 생산적인 방식으로 학습 대상을 접할 수 있도록 해야 한다는 지침은 일반적으로 공유되고 있다. 학생들의 성장을 위한 학습 과정을 조직하는 데 어떤 방법을 선택했느냐가 결정적이라는 것이다. 대화나 토론을 통해 교육할 수도 있고 텍스트를 분석하는 방법도 쓸 수 있다. 영상을 활용하기도 하도 교육을 놀이처럼 진행할수도 있다. 프로젝트를 만들거나 탐구 과제를 제시해서 학생들이 수행하게 할 수도 있다. 그러나 중요한 것은 수업에서 어떤 방법을 사용할지는 바로 교사 스스로 판단하고 결정해야 한다는 점이다.

물론 여기서 교사가 고려해야 할 결정적인 기준이 있다. 우선, 가르치고자 하는 내용이다. 그 밖에 학생들의 성장 정도, 나이, 선지식, 사회적 배경, 학습 환경 등도 고려해야 한다. 필요하다면 교수방법을 선택할 때 학생들과 조율할 수도 있다. 그러나 잊지 말아야 할 것이 있다. 어떤 방법을 선택한다는 것은 결코 가르치는 내용에 대해 중립적일 수 없다는 사실이다. 선택한 방법이 대상을 다루는 방식과 그에 대한 인식에 영향을 끼친다. 때문에 교사는 다양한 수업 방법들이 지닌 관점주의적 '편견'을 충분히 의식하면서 선택해야 한다. 복잡한 현실은 다양한 방법을 통해서만 제대로 인식될 수 있기에 여러 가지 방법을 혼용하는 것이 권장된다. 방법 선택의 자유는 보이텔스바흐 합의의 정신이 요구하는 책임성을 필요로 한다.

4장

보이텔스바흐 합의 정신
풍부화를 위한 보완적 논의

심성보

　　보이텔스바흐 합의는 40년이 지난 지금에도 독일 정치교육에서 근본 준거로서의 힘을 잃지 않았다. 최근 들어 독일에서 극우 포퓰리즘 세력이 준동함에 따라 독일의 정치교육을 근본적으로 성찰해 볼 필요가 있다는 목소리들이 나오고 있고, 특히 정치교육이 단지 '앎knowing'을 넘어서 '행함doing'에 초점을 맞추어야 한다는 점이 강조되고 있기는 하지만, 보이텔스바흐 합의에 기초해 설정된 독일 정치교육의 기본적 방향에 대해서만큼은 그 타당성이 굳건하게 인정되고 있다. 그만큼 설득력이 크다는 방증일 것이다. 이 합의에 직접적인 영향을 받은 것이든 독자적인 발전의 결과이든 유사한 교육 원칙이 전 세계적으로 확산되고 있다. 우리나라만 해도 이 합의의 정신과 원칙을 수용해야 할 절박한 이유들이 증가하고 있다.

그러나 우리나라에서 보이텔스바흐 합의를 수용하고 그 합의의 정신에 따른 교육을 실천한다고 하더라도 민주시민교육의 내용과 방향, 교육 방법과 실제에 대해서는 더 많은 연구와 토론이 필요하다. 특히 합의 원칙과 관련된 이론적 쟁점과 실천적 적용 문제에 대해서는 계속 숙고하고 논쟁해야 한다. 이런 맥락에서 보이텔스바흐 합의의 정신을 풍부화하기 위해 보완적으로 필요하다고 생각되는 지점들을 정리해 보고자 한다.

1. 강압(교화) 금지 원칙에 대해

'강압(교화) 금지'의 원칙은 주입이나 선동의 위험성을 지나치게 의식한 나머지 강의식 수업이나 인격적 교화를 소홀히 할 가능성은 없는가?

'교화'는 가르침을 통해 감화시킨다거나 사람의 인격과 생활을 변화시킨다는 긍정적 의미도 있지만, 교리 등을 일방적으로 설교한다는 부정적 의미도 갖고 있다. 부정적 의미로 사용하고자 할 때는 '맹교盲敎'라고도 한다. 이 말은 '도덕적으로 비난받을 만한 가르침'이라는 부정적 의미를 갖고 있다. 보이텔스바흐 합의에서는 '강압(교화) 금지'의 원칙을 강조하는 것으로 보아 부정적 의미로 사용하고 있음을 알 수 있다. 교화는 교사가 학생들에게 어떤 명제를 설명하면서 증거

나 근거를 대지 않고 자신이 의도한 대로 무조건 따라오라는 식으로 가르칠 때 발생한다.[1]

교화 논쟁은 오랜 역사를 갖고 있다. 1930년대 대공황으로 경제적·사회적 혼란이 가중되던 와중에 교육계가 교화에 대한 논쟁으로 들끓었던 적이 있다. 논쟁의 중심은 정치·사회·경제 현안 중에서 어떤 내용을 어떠한 방법으로 가르칠 것이냐에 대한 것이었다. 이에 대한 논쟁이 당시 〈소셜 프런티어Social Frontier〉 지면을 중심으로 격렬하게 전개됐다. 이 논쟁은 급진주의, 보수주의, 그리고 제3의 관점으로 나뉘었다.

먼저 기존의 보수적 사회관을 비판하며 도전한 급진주의 관점은 교사의 임무는 학생들이 새로운 사회 질서에 알맞은 사회관을 갖도록 준비시키는 것이라는 주장이었다.[2] 사회적 재건주의자 대열에 섰던 코운츠Counts[3]는 어떤 교육에서나 어느 정도의 교화는 불가피하다며, 단지 문제되는 것은 주입되는 가치의 종류라고 보았다. 그는 경제적 대공황에 직면하자 개인주의, 민족주의, 경쟁, 자본주의 등을 기반으로 한 구사회질서는 더 이상 유지될 수 없다고 생각해, 새로운 사회질서로서 협동, 사회주의, 세계주의를 상정했다.

이에 반발한 방어적 입장의 보수주의 관점은, 교사들이 학생들에게 기존 사회의 지배적 가치체계를 확고히 심어 줌으로써 사회의 영속성을 도모해야 한다는 것이었다. 교사들은 기존 사회가 인정한 가치와 사회에 대한 기본 입장을 학생들에게 교화시켜야 한다는 주장에 동조했다. 보수주의자들의 입장이 방법상으로는 급진주의자들과

통하는 바가 있었지만, '교화'라는 말을 즐겨 사용하는 경향이 있었고 교실에서 자유로운 토론이 전개될 수 있도록 하는 것에는 별 관심이 없었다. 두 입장 모두 학생들이 도달할 결론을 교사가 지시해 줘야 한다는 데는 동의했으나, 가르칠 내용과 방법에 대해서는 서로 다른 입장을 취했다.

이들에 맞선 제3의 관점은 구사회질서를 유지하고자 하는 보수주의 관점이나 신사회질서를 건설하는 데 학교를 이용하고자 하는 급진주의 관점 모두를 비판하고 나섰다. '진보주의'를 표방했던 제3의 관점은 학생들이 교사의 압력이나 영향력을 벗어나 자신만의 사회관을 구축하고 끊임없이 재구성할 수 있는 권리를 가져야 한다는 주장을 폈다. 그러면서 앞의 두 관점을 옹호하는 사람들을 교화·강요·주입·선전의 옹호자라고 비판했다.

우리가 잘 아는 존 듀이John Dewey는 제3의 대열에 섰다. 그는 교육이 취할 수 있는 세 가지 선택지를 제기했다. 통상적인 선택지는 과거의 질서를 유지할 수 있도록 교육을 하거나, 미래의 이상적인 모습을 설정하여 그에 기반한 교육을 하는 것이다. 이에 대해 듀이는 보수주의적 교화 방식이 현재의 요구와 현실에 맞지 않는 정적이고 상당히 고정적인 사회질서에 근거하고 있기에 민주주의 이상과 일치하지 않는다고 비판했으며, 환상에 가까운 미래의 이상적 모습을 설정하고 새로운 사회질서를 위해 학생들을 교화하는 급진주의적 교화 방식 또한 학생 개개인의 성장을 최우선으로 생각하는 교육철학과 양립할 수 없다고 했다. 그는 학교를 통해 그들이 살고 있는 사회의 현실을 생생하고 깊이 있게 알 수 있도록 노력하는, 자유주의도 사회주의도 아닌 제3의 진보주의 방식을 채택했다.[4] 듀이는 미래 사회에 대한 코운츠의 민주적 사회주의 관점에 크게 동의했지만, '교화indoctrination' 또는 '강압imposition'의 방식을 옹호할 수 없었다. 교화란 공개 토론 후에 학생들이 자유롭게 입장을 선택할 수 있게 하는 것이 아니라, 그들에게 이상, 감정, 사회적 해결책을 강요하는 외적인 시도라고 보았기 때문이다.

듀이는 설사 그것이 최고의 선인 경우에도, 교화는 너무나 쉽게 지배와 권위주의 그리고 심지어 전체주의로 유도될 수 있다며 경계했다. 왜냐하면 교화는 학습자를 통제와 조작을 위한 대상으로 다루는 경향이 있기 때문이다. 듀이는 무엇보다 교육은 목적은 물론이고 수단이 도덕적으로 받아들여져야 한다고 주장하면서, 배움의 내용보다 탐구의 방법이 더 중요하기 때문에 교수학습 과정에서 권위적 방식이 아니라 비판적 지성을 사용할 것을 역설했다.

보이텔스바흐 합의에서 요청하는 강압(교화) 금지의 원칙은 비판이론에 의거한 해방을 지향하는 교육뿐만 아니라 체제 수호나 변화를 거부하는 교육 모두에 적용된다. 어떤 방향이든 교육 내용을 일방적으로 또는 강압적으로 주입하는 것을 경계하는 것이다. 강압(교화) 금지의 원칙은 올바른 정치교육과 잘못된 교화 사이의 한계를 설정하고 있다. 이런 점에서 이 원칙은 듀이가 취한 제3의 입장을 채택한 것이라 할 수 있다.

급진주의와 보수주의라는 두 극단을 넘어서려는 제3의 입장을 취한 듀이의 전략이 각 진영이 원하는 새로운 사회에 대한 전망과 다르다 하더라도, 정치 이데올로기의 강압, 교화, 주입을 피하는 데 초점이 있다는 것에 대해서는 모두 동의할 것이다. 보수 진영과 진보 진영 사이의 최소합의에 이른 강압(교화) 금지의 원칙은 교수 내용의 합의라기보다는 교수 방법의 합의라고 봐야 할 것이다. 결국 교수 방법상의 최소합의를 통해 교사와 학생이 지식을 공동 구성해 가자는 것이다. 교수 내용의 문제는 다음에서 다룰 제2의 원칙인 논쟁성 원칙(논쟁성에 대한 요청)과 관련되어 있다.

나딩스Noddings가 역설하듯 사실 비민주적 방식으로 사용될 수 있는 세뇌와 마찬가지로 '올바른 교화righteous indoctrination'를 한다는 것은 자가당착이다.[5] 나딩스는 문화신학자 폴 틸리히Paul Tillich의 생각[6]을 끌어들여 공동체가 가진 밝은 면과 함께 어두운 측면을 부각시키며 교화의 위험성을 제기했다. 그는 극단적 개인주의에서 나타나는 이기심, 소외, 무의미와 함께 전체주의적 공동체에서 발생하는 자아상실과 열광을 띠는 모든 것을 경계했다.[7] 동시에 인격교육이 강조하는 공동체 개념이 교화의 우려가 있다며 비판적 성찰을 강조했다.[8] 그녀는 덕 또는 인격이 파시즘이나 나치즘과 연루된 지난날의 역사적 과오와 연결되어 있다고 보았다. 아이들에게 열렬히 가르친 정직, 용기, 자기희생, 동료애, 충성심 그리고 애국심이 잘못된 방향으로 이용된 역사를 체험했기 때문이다. 따라서 마사 누스바움Martha Nusbaum이 강조한 대로 아이들에게 애국심을 길러 주는 교육은 순화되고 절제된 사려 깊은 것이어야 한다.[9]

그런데 여기서 우리가 주의할 점이 있다. 젊은이들에게 교화적 애국심을 주입할 것을 우려하여 방어적 성격의 소극적 자유 또는 소극교육negative education을 강조하면서 적극적 자유를 행사하도록 하는 교육이나 참여적 시민교육으로 나아가지 못한다면, 그 교육은 개인주의나 무정부적 상태를 조장할 위험이 있다는 사실이다. 교화는 일방적인 훈련 또는 조건화라는 관점에서 반박될 수 있다. 그러나 덕이 있는 교사가 학생들을 진실로 '사회화socialization'시키고자 할 때, '다른' 대안을 찾지 못해 정직함, 자제심, 이해심을 갖도록 훈련시키는 것을 두고 '교화'라고 딱지 붙이는 것은 부적절할 수 있다.[10] 왜냐하면 도덕적 습관을 전승한다고 해서 비판적 성찰의 가능성을 완전히 차단하는 것은 아니기 때문이다.

이런 생각의 바탕에는, 사회화와 같은 기능을 하는 '교화'가 굴레와 축복의 양면성을 지닌 모순된 인간 활동이라고 보는 관점이 깔려 있다.[11] 교육이란 사회화의 한계 속에서 이루어지기는 하지만, 또한 그것은 교화적 기능이 있는 사회화의 한계를 극복하면서도 사회를 변화시키는 '대항사회화counter-socialization'[12]의 기능도 할 수 있기 때문이다.

이와 관련하여 한나 아렌트Hannah Arendt는 매우 신중한 접근을 한다. 그녀는 전통을 부정적으로 본 많은 비판이론가들과는 달리 전통이 아이들에게 새로운 무엇을 창조하는 힘을 길러 주는 '해방적 교육'을 활성화시키는 데 사용될 수 있다는 유연한 입장을 취했다.[13] 아렌트의 접근방식은 아이들을 성인 세계의 고정된 기준에서 해방시키려는 것(아이들만의 자율적인 세계가 존재한다)에 대한 대응이기도 하다. 아동 중심적 진보주의child-centred progressivism 교육 사상[14]으로 인해 아이들의 성장과 발달을 위해 필요한 가장 기초적인 조건들이 간과되고 무시되어 왔다는 데에 대한 일종의 거리두기라고 할 수 있다. 이런 생각은 십대들이 미래를 준비할 겨를도 없이 너무 빨리 '늙은 아이'가 되는 것에 대한 우려의 표명이라고 할 수 있다. 하나의 인간으로서 형성 과정에 있는 아이들에게 지나친 해방이 주어지는 것은 '아무 생각 없이 골라잡기mindless plumping'에 불과하거나[15], 교육자의 교육적 책무를 망각하거나 방치하는 일종의 '직무유기'를 초래할 수 있기 때문이다.[16]

이른바 '교화'의 위험성 때문에 도덕적 덕목을 전달하는 것까지 일절 배제하는 태도는 욕조물이 더럽다고 갓난아이까지 내버리는 것이나 다름없다. 아이가 독립과 자립을 추구할 수 있도록 적절한 자율성을 주는 것은 좋으나, 가치 판단의 기준이 될 수 있는 권위와 질서의 틀을 가르치지 않는 것은 문화와 전통의 상실이나 다름없을 것이다. 그것은 공동체 보존에 필수불가결한 역사의 부재와 마찬가지다.

아렌트는 정치적으로는 진보주의자였지만, 교육적으로는 아이들이 정치로부터 일정한 거리를 두어야 한다고 본 보수주의자였다. 그것이 그들의 권리와 자유를 빼앗는다기보다는 오히려 창의적 가능성을 격려하기 위한 것이라고 보았기 때문이다.[17] 그녀는 인종적 억압과 불평등과 같은 사회적 문제에 대한 정치적 투쟁에까지 아이들이 적극적으로 참여하는 것을 염려했다. 아렌트가 이런 태도를 취한 이유는, 성인들의 몫인 세상의 일에까지 아이들이 관심을 갖고 참여하게 되면, 오히려 세상의 진정한 모습을 이해하지 못하게 될 수도 있다고 생각했기 때문이다. 어른들은 아이들을 어느 정도 안전한 장소로 남게 하여 공동체 의식과 세상을 올바로 이해하도록 보호하고 돕는 것이 더 좋다고 보았던 것이다.[18] 그녀는 아이들이 세계를 폭넓게 이해할 수 있도록 하기 위해 어른들의 정치로부터 일정하게 거리를 두는 신중한 전략을 채택했다고 할 수 있다.

이러한 신중한 전략은, 부모에게 '아이가 스스로 할 때까지 그대로 두라.'고 가르치는 진보주의자나 자율론자처럼 지나치게 자율성을 강조하는 것도 문제지만, 전통주의자나 훈육주의자들처럼 아이를 위해 너무 많은 간섭을 하고 아이가 노는 것이나 옷 입는 것 혹은 여타의 일상적인 활동과 관련하여 아이의 결정권을 너무 빼앗는 것도 해롭다는 관점을 취한 것으로 이해할 수 있을 것이다.

아이들의 미덕은 타고나는 것이 아니라 적절한 습관의 형성과 이성의 계발을 통해 형성되는 후천적 성향임을 잊어서는 안 된다. 아이들이 자발적 선택을 하게 되기까지는 일련의 활동 기준이나 교사의 학습지도가 절대로 필요하다. 우리가 주입이나 선동의 위험성을 지나치게 의식한 나머지 기본적으로 공동체의 문화를 전달하기 위한 인격적 교화, 이를 위한 강의식 수업마저 완전히 배제할 수는 없는 것이다. 사실 아동 존중 사상이 강조하는 '소극적 교육'이 중시하는 자발적 선택이 가능하려면, 교과 활동의 내적 기준이나 교사의 적극적 개입이 있어야 한다. 즉, '온정적 간섭주의paternalism'가 불가피하게 요구된다. 아이가 일정한 억압이나 학대, 무관심 속에서 어린 시절을 보냄으로써 이타적 혹은 지향적 감정이 왜곡되어서도 안 되지만, 그런 여건이 아닌 자유로운 환경에서 자란다고 해서 반드시 이타적 성향이 생겨나는 것이 아니라는 점도 유념해야 한다.[19]

세상을 적극적으로 이해하고 참여하도록 이끄는 행위를 모두 교화라고 볼 수는 없을 것이다. 하지만 교화의 경계선이 어디인지에 대해서는 각각의 입장과 시대적 상황의 해석 차이에 따라 미묘한 차이가 있을 수 있고, 그런 점에서 교사의 전문적 식견과 계속적인 토론은 매우 중요하다.

2. 논쟁성 원칙(논쟁성에 대한 요청)에 대해

교실에서의 '논쟁성 원칙(논쟁성에 대한 요청)'은 비판적 사고와 쟁점 토론을 지나치게 중시하여 배려와 공감을 소홀히 할 위험은 없는가?

사회적으로나 정치적으로 논쟁적 사안으로 발전되었음에도 불구하고 정치적 중립[20]을 지킨다는 이유로 논쟁적 주제와 가치를 교실에서 다루지 않을 때 학생들은 '정치적 문맹자'가 되기 쉽다. 그것은 앞서 강조한 제1의 원칙에 위배되는 특정 이데올로기의 교화·주입이나 다름없다. 현실적으로 서로 다른 관점이 존재함에도 그것이 교실에서 밀려나거나 다른 대안이 논의되지도 않는다면 교화나 주입의 길로 치달을 것이 뻔하다. 만약 사회적·정치적으로 예민한 주제를 논의조차 할 수 없다면, 그에 대해 학생들이 어떻게 합리적·도덕적 결론을 내릴 수 있을 것인가?

이렇게 보면 수업에서 다루기 까다로운 주제라도 그냥 넘어가서는 안 될 것이다. 집단 안에서나 집단을 넘어 자유롭고 폭넓은 의사소통을 해야 민주주의를 더욱 공고히 할 수 있다. 설득과 이해 그리고 공감이 없는 복종의 방식은 권위주의와 전체주의를 초래할 위험성이 있다. 이 위험을 방지하려면 학생들은 자신의 언어를 통해 타인에 의해 만들어진 여러 논쟁에 개입할 능력을 가져야 한다.

보이텔스바흐 합의가 진정으로 지향하는 정치교육의 목적은 '정치적 판단교육'[21]이다. 이런 교육이 가능하려면 교사들 스스로 충분한 논거에 근거하여 자신들의 판단을 공개적으로 정당화할 수 있어야 한다. 그래야 학생들이 자신의 결정에 대해 훌륭한 논거를 가지고 공개적으로 정당화하고 판단할 수 있는 능력을 갖춘 시민으로 자라도록 교육할 수 있다. 무엇보다 교사들은 정치적으로 사고하고, 참여하고, 투쟁하는 성인으로서 모범이 되어야 한다. 그래야 학생들은 대화, 책임 있는 실험, 그리고 현재 경험에 대한 평가를 통해 잘 논의된 대안을 도출할 수 있다.

도덕발달심리학자 로런스 콜버그Lawrence Kohlberg는 교화나 주입을 극복하기 위해 소크라테스적 대화를 요청했다. 그는 가치에 대한 상대주의적 명료화나 교화의 딜레마를 해결하기 위해 숙고와 토론을 통하여 문제와 갈등을 해결할 수 있는 능력을 기를 것을 역설했다.[22] 민주적 과정을 통해 교육이 구조화될 수 있다면, 교육을 통해 시민들을 민주적 과정과 결정에 적극적으로 참여하도록 준비시킬 수 있다고 보았다. 정치철학자 에이미 거트먼Amy Gutman은 교육의 잠재적 가치로서 교화와 억압이 없는 비억압과 비차별의 원칙을 강조한다.[23] 그러기 위해서는 보이텔스바흐 합의 정신처럼 단순한 추상적 추론을 넘어 더욱 논쟁적·쟁론적 민주주의가 요청된다.[24] 논쟁적 이슈(문제, 사건, 인간 등)를 학교 교육과정 속으로 끌어들이는 것이 필요하다.

따돌림, 인종 차별, 인종 학살, 동성애 혐오증, 동물 복지 등과 관련된 국지적인 이슈, 또는 2003년의 이라크 전쟁, 핵 개발, 테러리즘, 대량 이민의 유입, 세계화와 같은 국제적인 사건 등 사회적·정치적으로 민감한 주제를 논쟁적 수업을 통해 다룰 수 있을 것이다. 교실 수업에서 정치적 주제를 다룬다 하더라도 너무 많은 관점들이 존재하는 까닭에 제한된 시간 이내에 모든 관점을 다루진 못하겠지만, 보이텔스바흐 합의의 논쟁성 원칙은 그 과정과 절차를 민주주의적 범주 속에서 이루어지도록 하는 것이다. 예를 들어 남녀 학생들이 극우적 극단주의 관점을 옹호한다면 교육적 차원에서 이해시키고 설득도 해야 할 것이다. 그리고 필요하다면 그들이 주장하고 있는 내용에 대해서도 적극적으로 반론을 제기할 수 있을 것이다.[25]

이렇게 논쟁성 원칙은 앞서의 강압(교화) 금지의 원칙과도 연관되어 있다. 결국 주입식 교화를 넘어서는 교육을 하려면 논쟁적 토론 수업을 해야 한다. 논쟁적 토론 수업은 논쟁적 이슈 또는 개인적·사회적 갈등을 낳는 가치를 논의할 때 가장 적절한 방법이라고 할 수 있다.[26] 논쟁적 이슈로는 민주적 가치, 내용에 대한 지식, 그리고 정치적·시민적 참여 등을 포함할 수 있을 것이다. 논쟁적 이슈를 다루는 토론 수업은 민주시민교육의 핵심적 방안이라고 할 수 있다.[27]

그런데 이러한 뜨거운 논쟁을 교실에서 재현하려면 하버마스가 강조하듯 '이상적 언어 상황ideal speech situation'을 설정해야 한다.[28] 즉, 논쟁적 토론으로 문제 해결에 이를 수 있을 때까지 최소합의를 깨지 않겠다는 약속을 해야 가능하다. 대화를 하다가 생각이 맞지 않는다고 뛰쳐나가서는 안 될 것이다. 그것은 완전히 판을 깨는 것이다. 논쟁 수업은 격렬한 대립을 보이는 논쟁적 토론 과정으로서 어느 누구도 배제되는 사람 없이 평등하게 참여할 수 있어야 하며, 어떤 주장과 관점이라도 자유롭게 개진될 수 있어야 한다. 논쟁에 참가하기 위한 필수 전제는 저마다 자신의 견해를 가질 수 있음을 인정하는 한편 의견이 다른 상대를 자신과 똑같은 존엄성을 지닌 평등한 존재로 존중하고 관용하는 것이며, 논쟁성 원칙은 그것을 수용할 때 실현될 수 있다. 그리고 상대의 말을 자신의 입맛대로 해석하기보다는 상대의 관점에서 해석함으로써 공평한 상호성을 보장해야 한다. 기본적으로 사회적 합의를 도출하기 위해서는 사안에 대한 완전한 합의가 아니라 불합의를 전제해야 한다. 그러지 않으면 대화 자체가 불가능하며 공동체나 공동선이 존립할 수가 없을 것이다. 교실을 민주적 공론장으로 전환시켜야 하는 것이다.

공론장은 여론이 형성되는 사회적 생활의 장이다. 다시 말해 사적 개인들로 하여금 공적인 문제에 대해 그들의 이성을 사용하게 만드는 기제와 더불어 나타난 제도가 공론장이라고 할 수 있다. 공론장을 활성화하려면 합리적 의사소통, 상호비판, 논쟁, 토론, 설득 등을 위한 방법과 조건을 개선하는 일이 무엇보다 중요하며, 공공성을 찾아 시민의 지위를 발견해 내는 민주주의적 실천이 필요하다. 공론장의 활성화는 결국 참여와 심의로서의 민주주의가 활성화되었을 때 가능하다.[29] 공론장에서 중요한 것은 시민들이 공적인 사안에 관심을 가지고 문제를 해결하기 위해 함께 노력해야 한다는 점이다. 공론장은 개인과 사회가 함께 시민의 삶을 지속할 수 있는 구조를 만들어 가는 과정이자 가치이다.

이를 위해서는 심화된 숙의민주주의가 요구된다. 사회적·정치적으로 논쟁적인 이슈일수록 숙의민주주의가 필요하다. 토론이나 논쟁에서 사회 구성원들 사이의 차이 표명과 의견 대립을 민주주의 과정의 핵심 요소로 인정하는 '숙의적 전환deliberative turn'이 필요한 것이다.[30] 최근 신고리 원자력 건설을 두고 진행된 공론화 절차는 숙의민주주의 실험의 대표적 사례이다.[31] 숙의하고 숙고하는 역량은 적극적 시민의식과 공적 담론을 중시하는 '토의민주주의discursive democracy'에 바탕을 두고 있다.

최근 이런 흐름을 반영한 '숙의적 교육deliberative pedagogy'이 관심을 끌고 있다. 숙의적 교육의 가정은 다음과 같다. 첫째, 불명확한 문제는 본질적으로 만연해 있는 데다 해결할 수 없는 것들이며, 그것들을 해결하려고 하기보다 오히려 긴장과 역설을 이해하면서 그것들을 관리하는 방법에 초점을 맞춘다. 둘째, 현재의 지배적인 문제 해결 모델은 대결적이고 전문적이긴 하지만, 불명확한 문제에 직면했을 때

종종 역효과를 야기하며 많은 장애물과 방해물을 유발한다. 셋째, 인간 본성은 명백한 결점과 강점을 가지고 있는데, 불명확한 문제를 효과적으로 해결하기 위해 결점을 완화하고 강점을 활성화할 수 있는 방법을 찾아야 한다. 넷째, 여러 가지 관점에서 협상할 수 있는 능력은 불명확한 문제를 해결하는 데 중요하며, 그것을 위해서는 특정한 의사소통 기술이 필요하다. 다섯째, 결국 숙의적 교육은 개인과 대중의 판단력과 지혜의 계발과 함양을 지원한다.[32]

숙의적 교육은 결국 학교민주주의를 튼튼하게 하는 길이기도 하다. 숙의민주주의는 가끔씩 투표함에 표를 던지는 것보다 시민들의 집단적 이성이 표출되기를 기대한다. 또한 의사결정 과정에서 활발한 대화가 이루어지기를 바란다. 물론 실제로는 수천 또는 수백만 명의 사람들이 한자리에 참석해 동시에 이야기할 수는 없다. 그래서 숙의민주주의는 논쟁적 이슈를 분석하고 깊이 있게 심의·숙의할 수 있는 '미니 공론장mini-public'을 필요로 한다.[33] 사회적으로 떠오른 논쟁적 이슈를 학교와 교사·교육자가 의미 있게 다룰 때 민주적인 시민이 양성될 수 있다.

따라서 사회적으로 합의되지 않은 도전적 논의거리가 교실에서 다루어져야 한다. 논의의 여러 측면이 반영될 수 있는 분위기에서 논쟁의 여지가 있는 문제를 탐구할 수 있는 기회를 제공하고, 교사와 견해가 다른 학생들의 견해가 자유롭게 개진될 수 있는 환경이 조성될 때, 민주주의 역량이 계발될 수 있다. 이러한 과정을 경험한 학생들은 그렇지 않은 학생들보다 더 높은 수준의 정치적 효능감,

관심, 신뢰 그리고 자신감을 가질 수 있을 것이다. 나아가 이 학생들은 시민 참여 문제에 대해 적극적인 태도를 가질 가능성도 더 커질 것이다. 따라서 학생들의 분별력과 민주적 논쟁 태도를 기르기 위해서는 학교공동체의 모든 구성원에 대해 단기 및 장기 전략이 필요하다.[34]

그러나 교실에서 논쟁을 재현할 수 있어야 한다는 요청은 비판적 사고와 쟁점 토론을 지나치게 중시할 때 배려 및 공감을 소홀히 할 위험이 있기에 주의를 할 필요가 있다. 왜냐하면 논쟁은 기본적으로 '비판적critical'[35] 성향을 갖기 때문이다. 사태의 옳고 그름을 밝히고 진리와 허위를 밝히는 데는 도움이 되지만, '사람'을 보지 못할 수 있다. 분석적·평가적·연역적 과정으로 간주되는 비판적·논쟁적 사고는, 필연적으로 정해진 규칙을 따라야 하는 기계적인 과정을 수반하기에 기존 틀을 초월하여 새로운 생각을 창출하지 못할 가능성도 있다.[36]

또한 논쟁성 원칙은 인간성이나 공동체적 관계보다는 인격적 자율을 우선시함으로써 개인적인 경향을 보일 뿐 아니라, 객관화의 가능성을 지나치게 과신함으로써 개인이 처한 상황과 조건 및 맥락을 무시할 가능성도 있다. 특히 논쟁적 사고는 직관보다는 합리적·직선적 사고를 중시하기 쉽고, 협조적·협력적이라기보다는 공격적·대립적인 태도를 선호할 수 있다. 그리고 감정을 무시하거나 과소평가할 가능성이 있으며, 사고와 행위를 할 때 독립적 사고, 추론적 판단을 중시한 나머지 삶의 경험과 구체적 특수성을 무시할 개연성이 크다. 사태에 대한 옳고 그름을 따지는 것을 선호하는 논쟁적 사고는 드러난 사실만을 중시하는 까닭에 인간 내면의 깊은 곳을 간과할 가능성이 있다. 이런 태도가 지나칠 경우 사람의 좋고 나쁨에 대한 품성적·인격적 문제로까지 시비가 확대 해석될 가능성도 있다. 치열한 논쟁이 사람에 대한 불신으로까지 치달을 수 있는 것이다. 따라서 교실에서 정치적으로 논쟁적인 이슈에 대한 의견을 개진할 때는 논쟁 범위가 논쟁을 하는 사람으로까지 비화되어 적대적 태도를 갖지 않도록 주의해야 한다. 논쟁적 사고 능력은 관계적 사고나 배려적 추론까지도 포함해야 한다.[37] 즉, 사람 문제와 일 문제를 구분해야 하는 것이다.

결국 정의를 위한 논쟁성 재현 원칙과 돌봄 및 관계 회복을 위한 덕의 윤리는 서로 과도하게 대립해서는 안 된다는 교훈을 준다. 상황이나 맥락에 따라 정의를 위한 판단과 배려를 위한 판단은 적절한 균형을 이루어야 한다. 양자 사이의 선택 문제는 사실 우선 사항의 문제이기도 하다. 이 문제는 개인이 놓여 있는 정황과 역사적 맥락에 따라 다른 판단을 요구한다. 사회적·정치적 논쟁은, 기존 사회 체제를 유지하고자 하는 세력과 그 체제를 변화시키고자 하는 세력 간의 가치 대결을 방불케 하는 헤게모니 싸움의 성격도 갖고 있다. 이런 가치 충돌은 보수와 진보의 이데올로기 및 가치 논쟁이면서, 또한 사회를 보는 세계관의 차이에서 비롯된 것이다. 그래서 해결이 무척 어렵다. 하지만 학생들이 어른들의 현실세계와 다른 이상세계를 추구할 수 있도록 하는 것이 학교의 역할임을 감안할 때, 학교는 학생들이 비판적 지성과 정의감을 자극하는 논쟁문화에 익숙해져 새로운 사회질서를 구축하는 데 도움이 될 수 있도록 해야 하며, 균형 잡힌 시각을 통해 다른 사람과 공감적 인간관계를 맺고 공동체문화를 조성할 수 있도록 해야 할 것이다.

　물론 공론장의 논쟁을 교실에 옮겨 왔다고 하여 모든 정치적 갈등이 해결되는 것은 아닐 것이다.[38] 논쟁성 원칙은 강압(교화) 금지 원칙과 연장선에 있는 것으로서 적절한 수위 조절을 필요로 한다. 숙의민주주의가 형식적 민주주의를 넘어서는 강한 민주주의의 이상을 실천하려면 기본적인 민주적 가치를 다시 한 번 필요로 한다.[39] 시민교육은 학생들이 갈등을 처리할 수 있는 협상 및 의사소통 능력과 핵심적인 민주적 가치들을 실천할 수 있는 시민적 예의civility를 갖출 것을 요청한다.[40] 무례하지 않으며 비폭력적으로 문제를 해결하겠다는 의지와 결단력을 가져야 한다. 때로는 자신의 의견을 거두어들일 수 있는 용기도 필요하다. 그리고 서로에 대한 신뢰와 인정을 기본적으로 요구한다.

　특히, 사회적·정치적 갈등이 논쟁을 통해 모두 해결되는 것은 아니라는 것을 유념해야 한다. 그래서 독일의 정치교육자들은 1996년 보이텔스바흐 합의 20주년 토론회에서 1976년 합의에는 없었던 공화국의 폴리스 기능polis[41]을 정치교육에 요청했다. 이 합의를 주도했던 실레는 학교를 실험실로 바꾸는 것에 머물지 않고, 사회 전체가 실험실이 되어야 한다는 진전된 입장을 보였다.[42] 학교는 보이텔스바흐 합의 정신을 구현할 정치교육의 장으로서 공화국의 폴리스 기능, 곧 사회적 자기체계화, 공익, 싸움의 조정과 대화문화, 합의 추구나 타결, 시민사회의 참여, 연대감, 이웃 사랑 등과 같은 가치를 실현하는 기능을 수행할 수 있어야 한다는 것이다.[43] 정치교육은 학생들이 현실에서 자신의 위치를 발견하고, 미래의 시민civitas 역할을 잘 수행할 수 있게 자라도록 도와준다고 보고 있다. 학교는 지식을 전달하고 성취 능력을 키워 줄 뿐 아니라, 폴리스에서의 공동생활을 위해 준비해 줘야 한다는 것이다. 그것은 곧 학교민주공화국을 건설하는 것이나 다름없다.

이런 관점은 콜버그의 후기 사상에서 잘 드러난다. 그는 학생 개인의 비판적 추리 능력을 요구하는 쟁점 토론의 한계를 극복하기 위해 가상적 딜레마보다는 실생활 딜레마를 다뤄야 한다고 하면서, 민주적 분위기와 문화를 조성해 학교를 정의공동체학교just community school로 만들 것을 요청했다.[44] 이런 변화된 관점은 판단과 행위의 불일치를 해소하기 위한 것이다. 정의공동체학교는 학생들의 권리를 강화하는 이익 사회 또는 공정한 민주주의 사회에 머물지 않고, 결속력 높은 학교 사회 또는 공동 사회를 형성하는 것을 목표로 했다.[45] 또한 규칙에 대한 엄격한 계약과 응보 및 복종을 넘어서고 있다. 학생들은 학교공동체 활동에 참여함으로써 다른 학생들과 학교공동체에 대한 배려와 책임감을 배울 수 있다는 것이다.

학교를 사회의 축소판으로 이해한 듀이도『민주주의와 교육』1916에서 민주주의를 단순히 정부 조직이나 형태로 이해하기보다는 삶의 양식으로 이해할 것을 역설하면서, 학교가 민주주의의 실험장, 곧 맹아적 공동체로서 공교육의 이상을 구현하는 곳으로 보았다. 직접적인 실천을 통해 민주적 가치를 배울 기회를 제공해야 한다는 것이다.

민주적 공동체 학교 실험은 말의 향연을 위한 것이 아니라, 공정성과 함께 배려와 공감을 체험할 수 있는 중요한 기회를 제공함으로써 민주적 분위기와 문화를 형성하기 위한 것이다.

보이텔스바흐 합의에서 강조하는 논쟁성 원칙을 실천할 때에는 이렇게 논쟁문화와 함께 공감의 문화가 동시에 작동해야 한다.

3. 이해관계 인지(행동지향) 원칙에 대해

학습자의 '이해관계 인지(행동지향)'의 원칙은 아동·학생을 지나치게 존중하여 세상에 대한 이해를 가로막을 위험은 없는가?

보이텔스바흐 합의에서 학습자의 이해관계를 고려해야 한다는 원칙을 요청한 것은 첫째, 아이들이 아동기 특유의 이익과 관련된 가치를 보호받을 권리가 있기 때문이며, 둘째, 아이들도 어른들과 마찬가지로 복지적 이익을 보호받을 권리가 있기 때문이고, 셋째, 아이들은 미래의 주체 능력을 보호받을 권리가 있기 때문이라고 해석할 수 있다.[46] 아동이 지식, 역량, 인성 등을 함양하는 것은 장래 어른이 됐을 때 독립적으로 물리적·사회적 체계를 이해하는 데도 필요하지만, 아동기 성장과 발달에도 중요하다. 우리나라가 가입한 유엔아동권리협약1989도 어린이·청소년은 인권생존권, 보호권, 발달권, 참여권을 보호받아야 한다고 선언한 바 있다.

보이텔스바흐 합의가 중시하는 학습자의 이해관계 인지 원칙은 학생들의 발달을 최우선으로 지향한다.[47] 그리고 학생들이 놓여 있는 정치적 상황과 자신의 이해관계 상황을 고려해야 한다는 요청은 정치교육의 도구화를 피하고 학생 중심의 교육 원칙을 견지하는 것이기도 하다. 이런 원칙은 민주시민교육의 실천과 관련하여 매우 중요하다고 할 수 있다. 학생을 가르침의 대상이 아니라 배움의 주체로 봐야 하며, 학생을 단순히 시민이 되기 위해 공부하는 이가 아니라 스스로 성장하는 한 사람의 민주시민으로 간주하지 않으면 안 된다. 그래서 사회에서 논쟁이 되는 주제들은 마땅히 교실에서 재현되어야 하며, 다양한 주제를 자신의 이익과 관련지어 생각할 수 있도록 해야 한다. 이 점에서 보이텔스바흐 합의의 원칙은 정치교육의 도구화를 피하면서도 '학생 중심'의 교육 원칙을 견지하고 있다.

앞서 논의된 강압(교화) 금지의 원칙과 논쟁성의 원칙도 학생 개개인을 위한 최선의 이익과 발달 및 성숙이라는 목표를 지향한다. 교화는 학생들 나름대로의 신념과 세계관을 결정할 권리를 제한하기 때문이다. 또한 학습자 이해관계 인지의 원칙에서 볼 때, 논쟁적 이슈를 비판적으로 분석하고 지성적으로 의사결정을 할 수 있는 학생의 능력을 위축시킬 수 있다. 논쟁의 재현 없이 특정 견해를 강압적으로 전달하는 것 또한 민주주의 사회에서 교사의 자율적 전문성에 위배되고, 학생들의 정신적 성숙에 도움이 되지 않을 것이다.

이런 접근법은 학생들을 정신적으로 미성숙한 훈육 대상이 아닌, 이미 비판적 능력과 사고력을 가진 존재·주체로 본다는 말이다. 그것은 곧 학생들 스스로 자율적 판단을 도출하는 것을 방해해서는 안 된다는 것을 의미한다. 학생의 자기결정권 요청은 현대의 어떤 사회적 위기보다 중요할 뿐 아니라, 현재와 미래의 위기를 지성적으로 해결하는 데 필수불가결하기 때문이다. 학생들은 미래의 시민일 뿐 아니라 현재의 시민이다. 이들을 현재의 시민으로 대우하지 않으면 미래에도 시민이 될 수 없다. 시민이라는 존재는 별안간 탄생하는 것이 아니기 때문이다. 민주시민의 탄생은 오랜 숙고와 논쟁 그리고 습관적인 실천이 축적되어야 가능하다.

이러한 사상에 대한 논의는 독일 사회의 경우 보이텔스바흐 합의 이후 활발하게 이루어졌다. 보이텔스바흐 합의는 1977년 롤프 슈미더러를 중심으로 '실용주의적 전환'이 시도됨으로써 이론적 논의를 넘어 교육 현장에 구체적으로 적용되었다.[48] 학생 중심, 경험 중시, 행위 중심 등의 관점을 교육 현장에 적용하기 시작한 것이다. 이 원칙은 바로 듀이의 실용주의적 경험주의와 연결되는 원리이기도 하다.

학습자의 이해관계 인지의 원칙은 아이들이 처한 정치적 상황과 무관할 수가 없다. 구체적인 정치 주제 영역으로서 평화 정착, 환경 문제, 신기술 등의 이슈만 보아도 알 수 있다. 이 원칙은 지나친 논쟁성으로 인해 생기는 이념 격돌을 방지하기 위한 교육학적 과제로서 학생들이 정치적 문제를 분석하는 능력, 당사자의 상황에 처해 보는 능력, 사회적 공동생활과 정치적 전체성을 위해 공동 책임감을 기르도록 격려한다. 그리고 그런 역량과 자신의 관심사에 대한 충분한 이해, 문제를 해결하는 데에 영향을 끼칠 수 있는 수단과 방법을 찾는 노력 등을 동시에 강조하고 있다.[49] 각자의 삶의 조건, 이익, 경험, 기억과 연관된 내용 등 학생 자신의 이해관계가 놓여 있는 정치적 상황을 교실의 수업 속으로 들어오게 함으로써 학생들을 정치적 주체로 만드는 교육을 정치교육의 진정한 목적으로 삼은 것이다.[50]

학습자의 이해관계 인지 원칙에서는 아동·학생 자신의 관심과 사회 전체의 관심 모두가 중시되는데, 이를 감지하고 고려할 수 있는 학습자의 자율적 판단 능력이 매우 중요한 지위를 갖는다. 따라서 정치교육이 다뤄야 할 내용은 추상적이거나 공허한 주제가 아니라, 학습자 자신의 삶을 이해하고 분석·지원할 수 있는 것이어야 한다. 학습자의 실제 삶의 조건과 환경, 경험과 기억 등에 연관된 자료들이 수업 내용으로 들어와야 한다는 얘기다. 그래야 다양한 가치들과 사회의 전체 연관성이 끊어지지 않는다. 학생들은 앞으로 논쟁으로 가득 찬 세상을 살아갈 정치적 주체이기 때문에 특히 그렇다.

이는 학생을 단순히 교사의 교화 대상이 아니라 학습의 주체로 설정한 데서 출발한다. 물론 학습의 주체는 인격적 주체, 사회적 주체, 정치적 주체를 포괄한 것이어야 한다.[51] 그래야 사회화·타율화·조건화에서 자율화·주체화로, 그리고 다시 공율화·공동체화로 전진하는 경로를 밟아 나갈 수 있을 것이다. 사회화·습관화·교화의 과정을 거쳐 자율화·주체화·인격화로 완성되어 가는 것이다. 개체화·자아실현·개인주의와 공동체화·공동선·집단주의 사이의 균형을 이루는 것은 사회화를 주체화하는 방식이라고 할 수 있다.[52]

이렇게 첫 번째의 강압(교화) 금지 원칙과 두 번째의 논쟁성 원칙은 세 번째 원칙인 학습자의 이해관계 인지 원칙과 연동되어 있다. 이런 원칙들에 대한 합의는 가르치는 교사의 전통적 위치뿐 아니라 배우는 학생의 위상을 새롭게 설정하는 인식 전환의 결과이기도 하다. 이것이 보이텔스바흐 합의 정신이 말하고 있는 '실용주의적 전환'의 핵심이다. 이 전환은 앞서 언급했듯이, 학생들을 사회화에서 주체로 보는 패러다임 이동을 시도한 것이라고 할 수 있다.

여기에서 우리는 가르치려는 수업 내용이나 교육 활동이 교화적인지 아닌지의 경계선은 어디인지, 논쟁 재현은 어느 범위까지 허용해야 하는지 하는 문제를 넘어, 아동·학생의 이해관계를 어느 정도로 고려해야 하는지에 대한 고민에 빠지게 된다. 이 문제는 다시 학생을 존중하느냐 아니면 사회 변화를 중시하느냐의 논쟁으로 넘어간다. 양자 사이의 논쟁은 교육의 역사에서 오랫동안 논란이 되어 왔던 주제이다.

잠정적으로 결론을 내려 본다면, 세상에 대한 이해와 아동의 내면적 발달은 늘 대립적 긴장 관계에 놓여 있지만, 상호 변증적으로 공존하면서 발전해 나가야 한다고 말할 수 있다. 즉, 아동 중심적 발달주의child-centered developmentalism와 사회적 개조주의social re-constructionism가 공존해야 한다. 양자 사이의 논쟁에는 아동 중심적 진보주의 교육과 사회 중심적 진보주의 교육이 대결하고 있다고 볼 수 있다. 일부 아동 중심 교육자들은 사회적 개조주의 교육 의제가 너무 이데올로기적 경향을 보임으로써 학생들을 교화로 이끌 수 있는 위험성이 있다고 염려한다. 반면 사회적 재건주의자들은 아동 중심적 진보주의 교육 의제가 정치적 경제적 이슈에 대한 명확한 입장을 갖지 않음으로써 현상 유지를 강화할 가능성이 있다고 염려한다.[53] 아동 중심주의에는 아이들이 살아가야 할 사회의 전망이 보이지 않고, 사회 개조주의에는 사회 변화를 이끌어 갈 주체가 보이지 않는다. 따라서 아동의 변화와 세상의 변화는 동시적으로 이루어져야 하는 과제일 것이다. 그러기에 양자의 관점에는 가능성·강점과 함께 한계·결함이 들어 있고, 또 서로 침투하는 것이기에 이를 극복하고자 하는 끊임없는 상호 작용과 대화의 시도가 필요하다.

아동 중심 진보주의와 사회개혁 중심의 진보주의는 시대 상황에 따라 비중이 달라지지만, 독일의 개혁교육학Reformpädagogik처럼 개성적 존재로서의 '인간Person'과 구조로서의 '사회Gesellschaft'라는 두 축을 구성요소로 하여 이루어진다고 볼 수 있다. 개인·인간과 사회·구조라는 두 축은 개혁의 주체를 개인·인간으로 볼 것이냐 아니면 사회·구조라고 볼 것이냐의 문제이다. 다시 강조하면 개혁의 중심 목표를 개인·인간의 차원에 둘 것이냐 아니면 사회·구조의 차원에 둘 것이냐의 선택 문제이기도 하다는 말이다.[54]

5장

보이텔스바흐 합의 정신과
한국 학교민주시민교육의 방향

심성보

독일 학교에서 정치교육이 하나의 고유한 교과로
자리를 잡아 온 것은 독일이 보이텔스바흐 합의를 통해 1970년대까
지 정치교육의 내용과 방향을 둘러싸고 진행된 이데올로기적 갈등과
정치적 대결을 무사히 극복하고 일정한 정치적 합의를 이루어 냈기
때문이다.[1]

보이텔스바흐 합의의 제1원칙인 강압(교화) 금지 원칙과 제3원칙인
학습자의 이해관계 인지에 대한 요청은 제2원칙인 논쟁성에 대한 요
청으로 모아진다고 할 수 있다. 교실에서 논쟁성에 대한 요청은 강압
이나 주입식 교수 방법을 삼가는 것으로부터 시작되며, 궁극적으로
아이들의 삶에 바탕을 두면서 당면한 갈등을 평화적으로 처리할 수

있는 역량을 함양하려는 것이 목적이다. 보이텔스바흐 합의의 생명력의 원천은 바로 여기에 있다. 그리고 그 합의의 의의가 왜 오늘날에도 빛이 바래지 않는지, 또 우리 사회가 민주시민교육을 활성화하기 위해서는 왜 그와 같은 종류의 사회적 합의에 우선적으로 도달해야 하는지에 대한 이유도 바로 여기에 있다.

이 장에서는 보이텔스바흐 합의 정신이 담고 있는 현대적 의미를 살펴본 뒤, 우리 사회의 민주시민교육이 나아가야 할 방향을 점검해 본다.

1. 보이텔스바흐 합의 정신의 현대적 의미

보이텔스바흐 합의는 정치교육에 대한 보수와 진보의 가치를 절충한 타협의 산물이다. 이 합의에 기반한 정치교육은 학생들을 현실 정치의 도구로 삼지 말고 성숙과 비판 능력에 기초해 자립적인 견해를 가질 수 있도록 안내했다.[2] 정치교육은 그 자체로 민주적 정치문화의 일부분으로서, 보이텔스바흐 합의의 정신은 '균형'이 그 핵심이다.[3] 합의의 세 가지 원칙인 강압 금지의 원칙, 논쟁 재현의 원칙, 학습자의 이해관계 인지 원칙은 헌법에 기초한 합의이면서 정치적 갈등에서 근본적인 공통의 토대를 마련하기 위한 최소합의로, 이를 바탕으로 독일은 교육에서 민주주의 공동체를 실현할 수 있었다.

보이텔스바흐 합의는 1989년 베를린 장벽이 무너진 직후 동독에서 편입된 연방주에서 동독인들의 새로운 정체성 형성을 위해 정치교육의 민주화를 수행하는 데도 중요한 역할을 했다. 1990년 통일 이후 독일의 정치교육은 동독 주민의 체제 적응과 동서독 주민 간의 사회심리적 간극을 극복하는 데 초점을 두고 더욱 활발하게 전개되었다. 독일 통일 이후의 정치교육은 민주적 정치문화의 불가결한 요소였고, '다원성 속에서의 통합'은 자연스럽게 대원칙이 되었다. 1992년 12월 독일의 여야 의원들이 초당적으로 정치교육을 지속할 것을 재확인한 것은 이 교육이 독일인들의 내적 단합과 화합에 절대적으로 필요하다는 것을 입증한 것이다.

2001년 개정된 '독일연방정치교육원'의 설립 규정은 독일 정치교육의 핵심을 분명하게 보여 주고 있다.

첫째 : 민주주의 국가와 자유주의 사회의 성찰적인 수용과 실천을 위해 민주주의 규칙의 본질과 절차 그리고 비판력과 합의 자세 등을 교육한다.

둘째 : 역사적 결정과 발전의 인과 관계를 일깨워 주며, 나아가서 역사의 연속과 중단에 대해서도 설명한다.

셋째 : 시사 문제뿐만 아니라, 과학기술의 발전이 가져올 부정적 결과와 같은 미래 문제에 대해서도 많은 관심을 갖는다.

넷째 : 이웃이나 다른 민족 집단 혹은 사회에 대한 그릇된 선입견을 타파하도록 한다.

다섯째 : 국제 관계 및 세계경제 관계 등에 관한 교육을 통해 이들 외부

변수와 국내 문제의 상호 작용을 알 수 있도록 한다.

여섯째 : 대중 매체의 사회적 역할에 대해 논의하고, 대중 매체의 한계점
과 전달 내용에 대한 비판적 대응력을 배양한다.

일곱째 : 통일 이후 새로운 체제에 대한 동독 주민의 올바른 적응을 위해
과거 사회주의 체제에 대한 비판적 정리와 함께 민주주의적 사
고 및 행태를 지니도록 한다.

여덟째 : 통일의 완성을 위해 독일인 전체가 개방적으로 대화하는 전진
기지의 역할을 담당하는 데 역점을 둔다.

이 규정은 독일 정치교육의 방향을 제시하는 것이다. 오늘날 독일
은 학교 수업을 통해 민주주의에 대한 지식을 습득하고, 민주적 행동
을 연습하고, 정치 참여에 대한 능력과 자세를 배양하도록 하고 있
다. 이러한 보편적 목적이 교육의 상품화 및 시장 원리로 인해 도전
받고 있는 상황인 만큼, 더더욱 교실은 민주적 참여를 위한 중요한
쟁점이 논의되는 공론화의 장이 되어야 한다. 숙의민주주의를 지향
하는 교육적 분위기는 개인과 집단이 자신의 합리적·도덕적 이상을
따르는 것을 가능하게 한다. 그러기에 젊은이를 미래의 시민으로 기
르기 위해서는 숙의민주주의적 공론장에 적극적으로 참여할 수 있도
록 교육해야 한다. 이런 기본 방향은 우리의 민주시민교육에도 결정
적인 시사점을 제공한다.

우리 학생들은 세계화가 심화되면서 모든 문제가 다층적으로 얽히
는 복잡한 사회에서 삶을 영위해야 한다. 민주시민교육은 민주주의

정치문화 형성의 중요한 도구이자 이러한 다원주의 사회를 살아가는 데 필요한 민주적 토론과 소통문화를 학습하고 훈련할 수 있는 중요한 과정이다. 보이텔스바흐 합의 정신에 입각하여 민주시민으로서의 자질과 태도를 갖추도록 학생들을 교육하는 것은 21세기 학교에 요구되는 시대적 요청이라 할 수 있다. 미래의 주인이 될 학생들에게 아름다운 유산을 넘겨 주는 것이 교사를 포함한 어른들의 사명일 것이다. 이런 원칙을 수용하지 않는다면 학생 중심의 교육과 다원적 관점도 민주시민교육에서 제 힘을 발휘하기 어렵다.

앞에서도 강조되었지만, 보이텔스바흐 합의는 논쟁성에 대한 요청을 핵심으로 한다. 이는 일방적인 주입식 교육을 지양하고 민주시민교육을 통해 학생들이 스스로 판단·결정하며 행동할 수 있는 능력을 갖도록 성장시키겠다는 교육적 관점을 철저하게 견지한 데서 나온 것이다. 이는 민주시민교육만이 아니라 일반 교육에도 적용될 수 있다. 즉, 후세대가 건강한 사회 구성원으로 성장할 수 있도록 해야 한다는 공교육의 목적은 물론, 삶의 주체적 존재로서 갖추어야 할 능력과 태도를 함양한다는 교육 본질에 비추어서도 보이텔스바흐 합의에 입각한 교육은 그 당위성이 인정된다. 따라서 이 합의는 단순히 독일이라는 특정 국가에서 우연히 도출된 시민교육의 원칙을 넘어, 이념 및 세력 대립과 갈등을 본성으로 하는 모든 민주주의 사회의 교육 현장에서 보편적인 의미를 가진다고 할 수 있다.

지금 우리나라에서는 헌법에 규정되어 있는 교육의 정치적 중립성 조항이 교사의 시민적 기본권을 박탈하는 근거가 되고 민주시민교육의 직접 당사자인 교사들이 정치교육을 기피하고 일상화된 자기검열을 내면화하게 만드는 요인이 되고 있다. 학교에서의 민주시민교육이 단지 지식 교육으로 형식화되고, 필연적으로 다양한 해석이 따르는 현실세계의 사회 현안을 수업에서 다루는 것을 금기시하는 교육적 풍토는, 역설적이게도 갈등과 대립이 심화된 한국의 교육 현실에서 사회적 갈등과 대립을 민주적으로 해결하기 위한 방법의 필요성을 더욱 요구하는 결과를 낳았다. 이는 마치 1970년대 보이텔스바흐 합의가 독일에서 극심한 이념 대립에 따른 교육 혼란을 해결하기 위한 처방이었던 것과 같은 맥락이라고 할 수 있다. 최근 토론 수업을 기본으로 하는 혁신학교의 확대나 서울시교육청 혁신미래교육의 일환으로 추진되고 있는 '질문 있는 교실' 정책 등의 등장은 한국 교육 현실에서 보이텔스바흐 합의 정신의 실천적 적용 가능성을 높이고 있다.

2. 민주시민교육 활성화의 전제 조건

최근 들어 사회가 점점 더 다원화되고 있는 만큼 다양한 집단 간의 차이와 갈등을 조정해야 할 필요성은 더욱 커지고 있다. 우리 사회는 이념, 지역, 세대, 소득계층 등의 요인이 사회적 균열을 초래하고 있는 현실을 두고 끊임없이 사회적·정치적 갈등과 대립이 이어지고 있다. 갈등과 대립이 심한 문화일수록 사회적 갈등 자체가 부정적으로 여겨지기 때문에, 기존의 질서를 흔들고 갈등을 유발한다고 생각되는 상대를 적敵으로 간주하는 경향이 있다. 냉전적·이데올로기적 대립 같은 부정적인 갈등은 억제되어야 마땅하다. 그러나 사회의 생산적 발전을 이끌며 긍정적인 효과를 발휘하는 갈등도 있다. 투쟁이 아니라 논쟁으로 승화될 수 있다면 그 갈등은 오히려 사회를 통합시키고 발전시키는 적극적인 동력이 될 수 있다.

그러나 논쟁적 이슈를 교실에서 논의하는 것이 쉬운 일은 아니다. 독일이든 우리나라든 학교는 논쟁의 여지가 있는 문제에 대한 토론을 활성화하는 데 많은 한계를 가지고 있다. 첫째, 통제할 수 없거나 제어할 수도 없는, 끝없는 자유 토론을 이어 갈 만한 역량을 갖지 못한 교사들은 이런 수업을 하는 것에 대해 두려움을 가질 것이다. 둘째, 토론의 전통이 부족한 학교의 경우 모둠활동이나 능동적 학습 접근방식을 어렵게 하는 교실의 물리적 배치 등과 관련된 구조적 제약들이 있다. 셋째, 평가 중심의 국가 교육 의제를 비롯하여, 논란의 여지가 있는 토론에 대한 학부모들의 우려, 대중 매체와 정치인의 영향력, 그리고 교사가 학생들에게 어떤 식으로든 영향을 미치는 것에 대한 우려에 이르기까지 적잖은 외부적 제약들이 가로놓여 있다.[4]

우리의 현실은 또한 어떠한가? 아직 사회적 합의도 부족하지만, 설령 민주시민교육의 필요성에는 공감하더라도 이를 교육 활동으로 확장하는 데 학교 현장은 다음과 문제점을 안고 있다.[5]

첫째, 민주시민교육을 할 수 있는 시간이 없다. 그 정점에는 경쟁 위주의 입시교육이 있고, 각종 교육 관련 법령·지침에 의해 강제되는 교육 활동으로 인해 학교 고유의 몫인 창의적 체험 활동의 상당 시간이 본래의 취지와 달리 왜곡되어 운영되고 있는 현실이 있다. 그렇다 보니 학교와 담당 교사의 관심 여부에 따라 그 차가 매우 심하고, 현실적으로 학생자치활동이 민주시민교육으로 대체되어 형식적으로 운영되거나 학생자치만이라도 잘하는 것이 실리적이라는 한계를 넘어서지 못하고 있는 실정이다. 따라서 학교의 자율성을 침해하고 있는 교육 관련 법령을 시급히 정비하여 창의적 체험 활동만이라도 학교에 온전하게 돌려주려는 노력이 우선 필요하다.

둘째, 가르칠 교과 내용이 여전히 너무 많고 교과 간의 장벽이 높아서 교사의 협업 체제가 다분히 형식적으로 운영되고 있다. 이러한 장애를 넘어서기 위해서는 국가 수준의 교육과정은 기본 방향만 제시하고, 교육과정 편성·운영에 대한 학교의 자율권이 대폭 확대되어야 할 것이다. 또한 학교 단위에서는 교원들의 전문적 학습공동체가 활성화되는 것이 바람직하겠지만 당장은 기존 학교 내의 교과협의회, 학년협의회만이라도 정상화시키는 것이 실효성 있는 대안이 될 수 있을 것이다. 왜냐하면 학년별로 무엇을 어떻게 가르칠 것인지 구조화하고, 교과별로 2회만이라도 진행할 수만 있다면 아주 다양한 논쟁 수업을 할 수 있는 효과를 기대할 수 있기 때문이다.

셋째, 헌법에 명시된 '교육의 정치적 중립성'이 왜곡되어 '정치교육 금지'로 강제되다 보니 교사는 사회 현안을 수업 주제로 연결하는 것을 기피할 수밖에 없다. 최근 서울시교육청에서 보이텔스바흐 합의에 기반한 논쟁 수업에 대한 홍보를 적극 추진하고 있는 점은 교사의 정치적 중립에 대한 부담을 덜어 주는 한편 민주시민교육의 지향점을 제시한다는 의미에서 매우 고무적인 일이라 하겠다.

넷째, 민주시민교육은 범교과 학습 주제로 간주되면서 그 필요성이 경시되고 있다. 학교 교육에서 시민교육은 개별 교과 내에서 다루어지기도 하지만, 국가 교육과정상 여러 교과 영역에 걸쳐 범교과적 학습 주제 형태로 종합적으로 다루어지도록 되어 있다 보니 국·영·수 중심의 대학 입시 교육이 이루어지고 있는 풍토에서는 자연히 경시될 수밖에 없는 한계를 가지고 있다. 따라서 중·장기적으로는 국·영·수 이수 단위를 줄여서라도 영국·프랑스의 사례처럼 민주시민교육을 정규 교과목으로 편성하는 것도 고려할 필요가 있을 것이다.

다섯째, 민주시민교육은 학교가 중추적인 역할을 담당해야 함에도 시민단체들이나 외부 기관들이 주도하는 경향이 있다. 이제부터라도 학교에서 전문적이고 체계적인 민주시민교육을 받도록 해야만 학생들이 민주시민으로서의 권리와 책무를 좀 더 소중하게, 그리고 진지하게 받아들일 수 있을 것이다.

여섯째, 오늘날 우리의 학교 현실에서는 민주시민교육의 핵심적 방법이라고 할 수 있는 공론장이 취약하다. 현재 우리의 일반 학교에는 이러한 사회적 장이 거의 존재하지 않는다. 근대 정치의 핵심 공간인 공론장이 학교에 부재하여 교사들은 공동의 이익을 인식하고 이를 위해 집단행동에 나서는 게 아니라, 우선 자신을 보호하고 살아남기 위해 개별적이고 사적인 교환 관계만을 구축하려는 경향을 보인다. 학교에 잘못된 문화가 있어도 그것을 스스로 바꾸려 하기보다 좋은 교장이 오기를 기다리는 수동적이며 소극적 자세를 갖게 되는 것이다. 교사들은 점점 교실에서 혼자 자신의 문제를 해결하게 되고, 학교 내의 각종 회의에서는 지시, 전달, 명령만 넘쳐나게 된다. 그리고 다수결주의에 익숙하고 대충대충 넘어가는 경향을 보인다. 이렇게 되면 문제를 진지하고 깊이 탐구하는 비판적 지성이 자랄 수 없다. 그것은 곧 교육 정신의 실종을 의미한다. 최근 자주 나타나는 우리 사회의 학교폭력 사태의 범람도 이와 무관해 보이지 않는다. 본질적으로 우리 학교가 '숙의적deliberative education 교육'[6]이나 '담론적 교육 discursive education'[7]의 모습을 보이질 않고 있기 때문이다.

끝으로 특히 분단 상황과 국보법이 상존하는 현실에서 정치 문제에 대한 논쟁의 폭이 지나치게 제한되고 있다. 최근 세월호 사태, 역사 교과서 국정화 논란, 탄핵 정국에서 촛불 세력과 태극기 세력의 대립 등을 둘러싸고 갈등이 더욱더 증폭되고 있다. 게다가 이념적 갈등은 상대를 더욱 적대시하는 소모적 논쟁으로 비화되고 있다. 우리 사회의 보수와 진보 간의 이 같은 이념적 대립은 1960~70년대의 독일 상황에 못지않다.

3. 우리나라 민주시민교육의 방향

앞서 언급한 민주시민교육을 가로막고 있는 난제를 극복하는 일이 지난한 과제이기는 하지만, 이런 이념적 가치 충돌을 더 이상 방치할 수는 없다. 1987년 6월 민주 항쟁이 일어난 지도 어언 30년이 되었다. 여전히 우리 사회에는 민주라는 용어가 붙으면 왠지 진보적 색채를 띤다고 느끼는 편견이 상존하고 있다. 과연 편견일까 하는 문제는 뒤로하더라도, 민주시민교육은 헌법에도 명시되어 있듯이 보수와 진보의 정치적 관점에서 이해될 문제는 아니다. 하지만 작금의 우리 정치 현실을 감안한다면 여전히 민주시민 혹은 민주시민교육의 필요와 개념에 대한 사회적 합의가 충분하지 않은 상태임을 인정하지 않을 수 없다.

사회적 합의를 기반으로 프랑스는 1998년에 중학교 과정에, 그리고 2002년에는 고등학교 과정에 시민교육을 필수 교과목으로 설치하였고, 영국은 1998년의 「크릭 보고서」를 바탕으로 2002년에 시민성 교과목을 법정 필수 교과목으로 지정하여 초·중등학교에 도입한 바 있다. 40년 전 독일의 보이텔스바흐 합의와 이런 흐름의 공통점은 정치교육 또는 민주시민교육에 대해 진보와 보수가 한목소리로 사회적 합의를 이끌어 냈다는 것, 그리고 궁극적으로 학교 교육에서 민주시민성을 위해 무엇을 어떻게 가르칠 것인가를 고민하는 과정이 있었다는 사실이다.

따라서 진보와 보수의 사회적 합의를 이끌어 내기 위한 새로운 돌파구가 마련되어야 한다. 강압(교화) 금지, 논쟁성에 대한 요청, 학습자 이해관계 인지(행동지향)를 내용으로 하는 보이텔스바흐 합의 정신을 우리의 교육방법론으로 도입할 필요가 있다. 여전히 지시와 통제,

획일적인 수업이 만연하고 있는 학교 현장에 학생·아동 중심의 교육관을 정립해야 하는 과제도 만만치 않다. 그리고 교육의 정치적 중립성을 훼손하고 교사들의 정치적 기본권을 제한하는 한국 교육의 후진성도 해결해야 한다.

대한민국 헌법 제1조와 교육기본법 제2조(교육이념)에 나타난 바와 같이 민주시민 양성은 학교 교육의 중요한 목표이다. 이를 구현하기 위해 민주시민교육은 학생의 관심사를 수업의 주제로 삼아야 하며, 추상적이거나 공허한 가르침이 아니라 현실의 삶을 이해하고 분석할 수 있도록 해야 한다. 학생들은 현실의 정치 상황에서 어떻게 자신의 개인적 이해관계가 영향을 받는지를 분석 평가하는 것은 물론, 자신의 이해관계에 따라 그런 정치 상황에 어떻게 영향을 미칠 수 있을지 다양한 수단과 방안을 탐색할 수 있도록 교육받아야 한다.

보이텔스바흐 합의는 정치교육에서 특정 가치나 정치적 주장을 강제하지 않으며, 학생을 독립적·정치적으로 자신의 이해관계에 따라 판단하는 주체로 보았다. 특히 40년 전 학생 중심 교육 실현을 위한 토론, 분석, 비판적 사고의 필요성을 인정하고 이에 대한 장애 요인인 보수·진보의 장벽을 뛰어넘자는 공동의 인식에서 탄생한 독일의 보이텔스바흐 합의는 비판적 사고와 소통을 중시한다는 점에서 제4차 산업혁명이 일어나고 있는 이 시대에 요구되는 교육 패러다임과도 일맥상통한다. 제4차 산업혁명 시대에 필요한 인재는 일방적인 주입식 교육이 아니라 자신을 둘러싼 세계에 대한 분석과 비판을 통해 길러질 수 있기 때문이다.

이런 과제 앞에서 우리는 진보와 보수의 소모적 이념 대립을 극복해야 한다. 이 일을 하는 데 서로 갈등하고 있는 최대 교원 세력인 한국교원단체총연합회(교총)와 전국교직원노동조합(전교조)이 앞장서야 한다. 그렇지 않으면 그 피해는 궁극적으로 학생들에게로 돌아갈 것이다.

　또한 현행 학교민주시민교육은 사회교과의 일부분으로 실시되고 있는 데다, 입시 위주의 학교문화 등으로 이에 대한 관심 자체가 부족하다. 반면 사회적으로는 과도한 개인화 경향, 정치 불신에 따른 정치 참여 저하, 소통 부재로 인한 갈등 유발 등 여러 사회 문제가 발생하고 있어 학교에서의 민주시민교육의 필요성은 더욱 설득력을 얻고 있다. 보이텔스바흐 합의에 대한 논의를 통해 궁극적으로 구현하고자 하는 것이 올바른 학교민주시민교육의 프레임을 만드는 것이라면, 민주시민교육 실천의 장으로서 학교의 중요성이 인정되는 만큼이나 학교에 대한 구체적인 지원과 사회적 합의에 대한 논의가 선행되어야 한다. 그렇지 않을 경우 보이텔스바흐 합의 정신을 수용하자는 목소리는 특정한 정치적 진영이나 이념적 정파의 전유물로 오인되거나, 학교로부터 외면당하는 구호성 외침에 그칠 공산이 크다.

　그런데 자유민주주의 국가라 할지라도 민주주의를 실천하는 사회적·경제적·정치적 상황이 저마다 다르므로, 국가별로 민주시민교육의 실상은 차이점이 있을 수 있으며, 응당 달라야 옳다. 그런 의미에서 독일의 ‘정치교육’을 그대로 수용하자는 이야기는 크게 설득력을 갖지 못할 수 있다. 물론 민주시민교육이 논쟁적·참여적 정치교육이

되어야 한다는 주장에 대해 공감하지만, 그렇다고 우리 교육 현실에서 정치 참여만이 민주시민으로서의 성숙도를 드러내는 지표가 될 수는 없다. 이런 점을 고려할 때 우리나라 교육 현장에서는 정치교육보다는 민주시민교육이, 정치 참여보다는 사회 참여라는 표현이 저항감이 덜하고 확장성이 더 크다고 생각한다.

당연하게도 우리의 학교민주시민교육에서는 다른 어떤 기관들이나 매개 조직들보다도 학교가 중추적인 역할을 담당해야 한다. 즉 학교는 학생들에게 민주주의의 이념에 대한 교육뿐만 아니라 실제 참여로 이어질 수 있는 교육과정을 제공해야 한다. 이러한 맥락에서만 본다면 보이텔스바흐 합의는 우리나라 상황에서도 그 당위성이나 정당성을 확보할 수 있다. 그러나 여전히 정치·사회적으로 분열된 상황에서 우리의 민주시민교육이 뿌리내리기 위해서는 거창한 정치적 지향점을 앞세우기보다는 교육과정이나 학생들의 일상생활과 밀접하게 관련이 있는 소재들을 중심으로 사안에 대한 비판과 사회 참여를 이끌어 내고, 이를 개선할 방안을 찾기 위해 논쟁하며, 학생들이 직접 실천할 수 있는 방안들을 제시하는 것부터 시작하는 것이 실리적일 것이다. 이러한 과정을 통해 민주시민교육은 다수결 원칙이나 합의 자체보다는 갈등을 줄이는 교육적 가치를 중시하는 학교문화를 만들어 가는 것에 일차적인 목표를 두어야 한다.

촛불혁명으로 대다수의 국민이 민주주의의 중요성을 절감한 현 시점에서 보이텔스바흐 합의는 민주시민교육을 우리의 학교 교육에 정착시킬 수 있는 획기적인 단초가 될 수도 있을 것이다. 물론 교육에 대한 전 국민적 관심과 특수성을 감안하면 민주시민교육을 전면화하는 데는 여전히 어려움이 예상된다. 하지만 우선 학교 울타리 안에서라도 다양한 철학적·정치적 입장이 공존하는 현실 사회를 조망하면서 공동체의 위기와 혼란을 극복할 대안적인 합의 원칙으로 보이텔스바흐 합의가 체화될 수 있도록 관심을 가질 때가 되었다.

독일에서는 40여 년이 지난 오늘의 시점에서도 여전히 보이텔스바흐 합의는 현재 진행형이다. 독일의 정치교육 영역에서 이루어진 보이텔스바흐 합의는 이제 우리나라에서 특정 교과의 학습을 넘어서서 범교과 학습 모형으로, 그리고 궁극적으로 교육과정 재구성의 일반 원칙으로 확산되어야 한다. 특히 초·중등 교육의 목표가 교육법이 명시한 대로 민주시민의 양성이라고 할 때, 다원주의 사회 속의 갈등 구조에 주목하여 공론화되었거나 공론화할 수 있는 사회적 문제를 민주시민교육에 도입하는 것은 너무도 당연한 일이다. 촛불혁명이라는 하나의 경험은 우리 민주주의의 성숙이라는 측면과 함께, 한국 사회가 더 이상 서구로부터 이식된 민주주의를 서구의 이론대로 뒤따르는 주변성에 머무르지 않고 민주주의 자체를 한국화하여 새로운 전형을 만들어 냈음을 의미하기 때문이다. 현재 보수와 진보가 가치의 갈등을 넘어 극단적 적대로까지 치닫고 있는 상황이지만, 우리가 적절한 수위 조절만 잘한다면 평화적 대화의 단초는 열 수 있을 것이다. 바로 그것이 보이텔스바흐 합의 정신이 우리에게 던지는 중요한 함의이다.

한국판 보이텔스바흐 합의를 위한
10개의 테제

이동기

한국 사회에서 보이텔스바흐 합의의 원칙을 수용할지 말지는 애초부터 의미 없는 쟁점이다. 꼭 보이텔스바흐 합의가 아니라도 시민교육을 둘러싼 갈등을 해결하고 교육 원칙에 대한 최소한의 합의가 필요하다는 것을 부정할 수 없기 때문이다. 민주시민교육의 원칙과 방향에 대한 합의 내용은 더 세련되고 풍부해질 수도 있다. 그러나 더 중요한 것은 정치교육 전문가들과 다양한 주체들이 공적으로 합의를 만들어 나가는 '과정'이다. 전이 또는 활용을 염두에 두면서 보이텔스바흐 합의에서 우리가 유의할 점을 10개의 테제로 정리한다. 합의 '과정'에만 주목하겠다.

첫째, 합의를 이끈 방식에 유의할 필요가 있다. 보이텔스바흐 합의는 서로 다른 입장의 정치교육 이론가들을 균형 있게 한자리로 초

대한 것에서 출발했다. 지그프리트 실레와 그의 조력자들은 1976년 11월 토론회를 준비하면서 합의를 끌어내려면 가능한 한 다양한 정치 스펙트럼의 정치교육이론 대표자들을 초대해야 한다고 믿었다. 토론회 자체가 균형을 갖추어야만 실질적인 논의가 가능하다고 보았던 것이다. 정치 견해와 교육철학의 관점이 서로 다른 5명의 이질적인 정치교육 이론가들이 모여 자신의 입장을 발표했다. 실레는 모든 참석자들이 서로 존중하며 경청하고 접근하도록 독려했다.

둘째, '합의'에 초점을 맞추어 논의를 한정한 방식은 매우 생산적이었다. 보이텔스바흐 토론회의 발의자인 실레는 토론회가 교육 이념과 내용을 둘러싼 격렬한 대결을 재탕하는 방식을 피하고 발표자들에게 합의가 어떻게 가능한지를 답하게 했다. 비록 발표자들이 모두 건설적인 대답을 갖고 참석하지는 않았지만, 합의에 이를 수 있었던 요인은 처음부터 합의에 집중해 논의하도록 행사 주최 측이 요청했기 때문이다. 이런 지혜와 경험은 한국 사회에서 갈등을 조정하는 방안을 찾는 데도 큰 함의를 지닌다.

셋째, 합의 아닌 합의가 지닌 역설이다. 보이텔스바흐 토론회에서는 발표와 논쟁이 이어졌지만 결과는 사실 엄밀한 의미의 합의가 아니었다. 심지어 그 합의도 실제로는 '합의 아닌 합의'였다. 즉, 보이텔스바흐에서는 정치교육의 내용이나 방향에 대해 견해가 모아지지 않았음은 물론이고 그 최소합의도 토론회 말미에 선언되거나 모든 참석자들이 그 자리에서 확인한 것도 아니었다. 나중에 그 토론회의 결과물이 책으로 발간되었을 때 참석자 중 누구도 이견을 제기하지 않았기에 '합의'로 정착되었다. 즉, 보이텔스바흐 합의는 법적 구속력이나 정치적 압력이 있는 공동의 결정이 아니었다. 다만, 정치교육의 종사자들이 진중하게 논의한 민주적 토론문화의 성과였다. 그럼에도 그것은 어떤 법적 협약이나 집단적 선언보다 더 큰 공명을 얻을 수 있었다. 합의 아닌 합의의 내용이 지닌 정치적 설득력과 실천적 적용 가능성 때문이다.

네 번째, 보이텔스바흐 합의는 최소합의로서 교육 내용이 아니라 교육 실천에서의 규칙이었다. 양극화된 정치적 입장 사이에 일종의 실천 방법의 원칙으로 가교가 마련된 것이었다. 정치교육의 기본 방향과 내용에 대해서는 여전히 이견이 컸지만 정치교육을 어떻게 실천할지의 규칙에 대해서는 합의가 되었다. 정치교육의 실천 규칙인 '최소합의'가 지닌 의미에 주목할 필요가 있다. 이견이나 갈등 자체를 모두 또는 한번에 극복할 수 없다면 최소한의 실천 규칙을 마련하는 것이 민주주의 사회에서 이루어지는 교육의 안정적 발전을 위한 발판임에 유의해야 한다.

다섯 번째, 보이텔스바흐 합의는 좌파 정치교육이론가들이 실용주의적 전환 또는 교육학적 회귀를 통해서 이루어진 것이었다. 아울러 그런 전환을 가능케 한 것은 중도파 이론가들의 매개 노력과 함께 우파 정치교육이론가의 유연한 대응이기도 했다. 교육 이념과 내용을 둘러싼 이데올로기적 정치적 갈등을 조정할 방안이 실레와 슈나이더 같은 보수적 정치교육 대표자들이 발의해서 마련된 것이었다. 물론, 앞에서 보았듯이 보이텔스바흐 합의가 권력 비판과 정치적 급진화의 가능성을 배제하지 않았음도 중요하다. 한국 사회에서는 이미 국가 권력의 교육 개입에 맞선 비판 세력과 진보 정치가들·학자들이 보이텔스바흐 합의에 관심을 보였다. 보이텔스바흐 합의가 지닌 정치적 양면성과 복합성을 고려한다면 한국에서도 정치적 경계를 넘어 다양한 교육 주체들이 관심을 가질 수 있을 것이다.

여섯 번째, 보이텔스바흐 합의의 세 원칙 외에 한국에서는 그보다 더 근본적인 원칙이 정립될 필요가 있다. 이른바, '국가권력의 정치교육 유린 금지' 원칙이다. 독일의 경우에는 교육의 연방주의 원칙에 의거해 최소한 중앙권력이 정치교육에 일방적으로 개입하거나 압박하는 일은 없었다. 물론, 보이텔스바흐 합의의 첫 번째 원칙인 강압(교화) 금지는 국가권력이나 권력자들을 겨냥하는 것이기도 하다. 하지만 그동안 중앙정부가 교육 현장을 유린한 여러 역사적 경험과 국정 교과서를 둘러싼 갈등을 감안한다면 한국에서는 따로 명료히 국가권력의 교육 개입 금지를 더 강조할 필요가 있다. 정치교육의 가장 기본적인 원칙으로 그것을 규정하고 그것에 합의할 수 있어야 할 것이다.

일곱 번째, 보이텔스바흐 합의의 나머지 두 원칙, 즉 '논쟁 재현(논쟁성에 대한 요청)'과 '학생 중심(이해관계 인지)' 원칙을 위해서는 민주시민교육의 탈정치화를 방지해야 한다. 강압(교화) 금지가 '중립성'을 뜻하지도 않지만, 설사 한국적 맥락을 고려해 교육의 중립성이란 용어를 그대로 사용하더라도 그것이 교육의 탈정치화로 오해되거나 악용되어서는 안 된다. 강압을 금지하며 학생들이 다양한 견해와 해석들을 접하며 주체적으로 자신의 견해와 판단을 형성하는 과정이 교육주체의 '비정치적 중립성'이란 이름으로 이해되어서는 안 된다. 실레또한 '논쟁 재현'은 탈정치화가 아니라 현실 정치에 대한 적극적인 관심과 사회 문제에 대한 실천이자 개입을 위한 것임을 밝혔다. 교육의 중립성은 강압 배제를 함축할 수는 있지만 정치 활동을 무력화하거나 정치 논의를 배제하는 것으로 귀결될 수 없다. 오히려 민주시민교육은 헌법이나 법 제도에 대한 표피적인 학습을 극복해야 할 뿐만 아니라 민주주의나 인권의 규범에 대해서도 추상적인 인지를 넘어서야 한다. 그것은 현실 정치와 사회 쟁점을 적극적으로 다루고 논쟁하고 토론하는 것으로 구성되어야 할 것이다. 정치교육에서 갈등을 극복한다는 것은 갈등 없는 교육을 수행하는 것이 아니라 갈등의 근간인 이견을 주체적으로 이해하고 갈등을 조정하고 해결하는 능력을 함양하는 것을 의미한다.

여덟 번째, 다원주의와 '논쟁 재현'의 한계도 주목해야 한다. 논쟁재현이 모든 종류의 정치적 주장과 학문적 견해를 다 받아들여 '재현'하는 것으로 간주될 수는 없다. 한 정치공동체가 전제하고 있는 규범과 가치를 부정하는 정치 사회 세력은 사라지지 않고 항상 새롭게 형성된다. 극우 세력들이 다원주의와 논쟁성 원칙을 내세워 자신들의 정치 견해도 정치교육과 역사교육에서 재현하기를 원할 때 실레는 그것에 반대하며 맞섰다. 보이텔스바흐의 토론장에서도 드러났듯, 헌법이나 정치문화의 근본 규범에 대해서도 해석상의 이견은 존재할 수 있다. 그렇기에 다원주의와 논쟁 재현의 경계가 분명하지 않을 수도 있다. 그것 또한 토론하고 대결하며 다양한 행위 주체들이 만들어 가야 하는 문제로 보인다.

이를테면, 한국 근현대사의 정치 폭력과 국가 범죄, 희생과 고통의 '역사적 사실'을 부인하거나 제국주의 억압과 독재를 변호하는 세력에 대해서는 규범적 경계를 명확히 해야 한다. 하지만 특정 사건과 현상에 대한 학문적 규정과 '해석'에 대해서는 논쟁 재현 원칙에 의거해 역사교육에서 더 다양한 견해들이 경합하도록 할 필요가 있다. 이를테면, 역사 교과서 국정화를 둘러싸고 격렬한 역사 인식 논쟁의 쟁점이 되었던 대한민국 '건국' 기점의 경우에는 한 교과서에 서로 다른 입장과 해석을 같이 소개해서 학생들 스스로 논쟁하고 토론하도록 하는 것은 가능하고 필요하다.

아홉 번째, 보이텔스바흐 합의의 원칙들이 교육 현장에서 실현되려면 교재와 시험 및 평가제도가 변해야 한다. 논쟁과 토론 수업 및 그것을 통한 주체 형성이 가능하려면, 교육 실천 형식에 대한 정치적 합의도 중요하지만 교과서의 서술 방식과 구성도 변해야 하고, 시험과 평가 제도도 근본적으로 혁신해야 한다. 독일의 경우 정치와 역사과목의 경우 시험은 모두 논술형이고 다양한 입장과 해석 속에서 자신의 견해를 밝히는 것이 핵심 과제다. 시험 및 평가 제도의 혁신은 다원적 관점과 학생 중심의 정치교육을 위한 결정적 조건에 해당된다.

마지막으로, 바덴뷔르템베르크 주정치교육원의 역할은 주목할 만하다. 실레와 바덴뷔르템베르크 주정치교육원은 1976년 한 번의 보이텔스바흐 토론회로만 빛나지 않았다. 그들은 30년 동안 줄곧 정치교육의 중심지로서 교육 원칙과 합의 문제에 대해 계속 토론회를 개최하고 책자를 발간했다. 그런 끈질긴 노력과 연속성이야말로 민주적 합의에 기초한 학교문화와 교육 원칙을 정착시킬 수 있었다.

'합의'는 한 번의 행위가 아니라 전문가들의 지속적인 토론과 논쟁의 '과정'이자 결과였다. 교육 권력 기관이나 교육정치가들이 주요교육 단체의 대표들을 모아 한두 번의 회의를 통해 멋진 워딩으로 합의를 만들겠다는 발상은 보이텔스바흐 합의 과정과도 어긋나지만 그자체로 충분히 민주적이지 못하다. 전문가들과 교육 주체들이 더 다양한 방식으로 논쟁하고 토론하며 접근하고 모색하는 과정이 빠진다면 그것은 모래성에 불과하다. 교육 원칙의 합의를 위해 더 민주적이고 개방적으로 대화하고 논쟁한다면, 우리는 아주 특별한 민주주의학습 과정을 경험하며 한국 민주주의 정치문화의 발전에 크게 기여할 것이다.

미주

들어가는 글

1) 장은주(2017).
2) 장은주(2017: 2장 및 3장).
3) 잔더(2009: 53).
4) 참조: 장은주(2017: 5장).

1장

1) Eschenburg(1986: 243).
2) '민주주의자 없는 민주주의'의 허약과 몰락의 대표적 예는 독일 바이마르공화국(1919-1933)이었다. 이에 대해서는 Thoß(2008)를 참조할 것.
3) 인습적인 역사교육의 폐해에 대해서는 로웬(2010)을 참조할 것.
4) 장은주(2017).
5) 시민들의 정치적 태도 유형에 대해서는 Detjen(2000: 11-20)을 참조할 것.
6) 이에 대해서는 Juchler (Hrsg.)(2010), Detjen/Massing/Richter/Weißeno(2012)를 참조할 것.
7) 이동기, "역사가들은 다시 탐정이 되고 싶다", 〈한겨레21〉, 1983호(2015. 10. 26.), pp.36-38, "역사전쟁 – 독일의 교훈", 〈경향신문〉, 2015. 10. 12., 〈http://news.khan.co.kr/kh_news/khan_art_view.html?artid=201510122251355&code=940100#csidxbb7ce4292a0b3a58fa118d822067c49〉, 장은주, "교과서 전쟁, 야권이 놓치고 있는 것은-한국판 보이텔스바흐 합의가 필요하다", 〈프레시안〉, 2015. 10. 28., 〈http://www.pressian.com/news/article.html?no=130751&ref=nav_search〉를 참조할 것.
8) 이 글은 서울교육청 2016년 연구 용역 보고서 「보이텔스바흐 합의 정신에 기반한 민주시민교육 정책 방안 연구」 중 필자 집필 부분과 이동기(2016: 137-170)를 대폭 수정하고 보완한 것이다. 일부 표현과 서술은 겹친다.
9) 이에 대해서는 이 책에 실린 케르스틴 폴 교수의 글을 참조할 것.
10) 독일 정치교육의 개념과 개요에 대해서는 Sander (Hrsg.)(2005)를 참조할 것.
11) 1990년대 말부터 독일에서는 정치교육이 '민주주의 교육'이 되어야 하는지의 문제를 둘러싸고 논쟁이 있었다. 민주주의를 정치 제도나 과정으로만 한정 짓지 않고 삶의 형식으로 확장하는 논의가 우세하면서 '정치교육'과 '민주시민교육'의 개념적 차이는 좁혀졌다. 이 글은 그 논쟁을 다루지는 않고 두 개념의 근친성에 기초한다. Himmelmann(2001), Breit/Schiele (Hrsg.)(2002)를 참조할 것.
12) 시기 구분에 관해서는 Gagel(2005), Gagel(2007: 36-38), Gagel(2002: 6-16)을 참조할 것. 가겔은 독일(서독) 정치교육의 역사를 7개의 시기로 나눴지만, 여기서는 6개의 시기로 구분했다. 1970년대 전

반기를 따로 구분해 하나의 시기로 볼 수도 있지만 큰 흐름으로 보면 1977년 보이텔스바흐 합의
의 발표가 더 중요하기에 1970년대 전반을 따로 구분하지 않았다. 시기 구분을 포함해 독일 정치
교육의 역사에 대한 개관을 위해서는 Detjen(2007), Sander(2013), Sander/Steinbach (Hrsg.)(2014),
Hellmuth/Klepp(2010)를 참조할 것.

13) 보이텔스바흐 합의가 독일 정치교육 발전의 계기를 마련한 것은 사실이지만 그 기점을 1976년이라
고 말할 수는 없다. 보이텔스바흐 합의가 '합의'로 수용되기까지에는 10년의 세월이 걸렸고 영향력
은 서서히 발휘되었기 때문이다. 아울러 최근 연구들은 보이텔스바흐 합의의 중요성을 부정하지 않
지만 그 합의 내용들이 이미 앞선 시기부터 꽤 논의되고 부분적으로 수용되었음에 주목했다. 그런
점에서 보이텔스바흐 합의에 대한 과잉 의미 부여를 피해야 한다. 이에 대해서는 Pohl/Will(2016: 39-
62 특히 43-44)을 참조할 것.

14) Hufer(2011: 18-20), Gagel(2005: 203-206).

15) 이에 대해서는 Pohl(2011: 158-171), Gagel(2005: 158-171), Giesecke(1974)를 참조할 것.

16) Hufer(2011: 19), Gagel(2005: 207-208).

17) Gagel(2005: 199-221), Mambour(2014: 94-97).

18) 보이텔스바흐 합의의 전사와 과정에 대해서는 무엇보다 Pohl/Will(2016: 39-62), Schiele(2017: 21-
23), Buchstein/Frech/Pohl (Hrsg.)(2016), Sutor(2002: 17-27)를 참조할 것.

19) Wehling(1973: 7-13), Grammes(2017: 71).

20) Schiele/Schneider (Hrsg.)(1977: 11-36, 174-184).

21) Hornung(1977: 89-116).

22) Sutor(1977: 152-172). 주토어에 대해서는 Detjen(2014: 106-107)을 참조할 것.

23) Fischer(1977: 37-55). 피셔에 대해서는 Sander(2014: 80-81)를 참조할 것.

24) Grosser(1977: 70-88).

25) Hermann Giesecke(1977: 56-69). 기에제케에 대해서는 Juchler(2014: 82-84)를 참조할 것.

26) Schmiederer(1977: 130-151). 슈미더러에 대해서는 Pohl(2014: 103-105)을 참조할 것. 슈미더러가 급
진 입장에서 '실용주의로 전환'하게 된 배경에 대해서는 논란이 있다. Marcel Studt(2016: 87-95).

27) Gagel(2005: 223), Sutor(2002: 223).

28) Schiele/Schneider (Hrsg.)(1977: 173-184), Buchstein/Frech/Pohl (Hrsg.)(2016: 150-162).

29) '합의' 내용과 그 의의에 대해서는 다음을 참조할 것. Schiele(2016: 7-21), Gagel(1996: 14-28),
Scherb(2016: 78-85, 96-108).

30) Buchstein/Frech/Pohl (Hrsg.)(2016: 104-105).

31) Pohl/Will(2016: 43-44), Grammes(2017: 72-73, 179-193).

32) Detjen(2017: 181-192).

33) 〈http://www.lpb-bw.de/beutelsbacher-konsens.html〉. 실레에 따르면 보이텔스바흐 합의의 세
원칙은 8개의 언어로 번역되어 있다. Siegfried Schiele(2016: 10).

34) 이 비판에 대해서는 보이텔스바흐 합의 40주년을 맞아 발간된 두 논문 모음집 Widmaier/Zorn
(Hrsg.)(2016), Frech/Richter (Hrsg.)(2017)에 실린 글들을 참조할 것.

35) Scherb(2016: 79-84).

36) Grammes(2017: 77).

37) Schiele(2016: 9).

38) Gebauer(2016: 148-153).

39) 〈https://www.bmb.gv.at/ministerium/rs/2015_12.html〉(2017. 10. 9.), 2015년 오스트리아 교육부가 발표한 학교 정치교육의 기본 원칙의 마지막 부분에는 논쟁성, 강압 금지, 분석 능력의 순서로 보이텔스바흐 합의의 내용이 들어 있다.

40) 이에 대해서는 Welge/ZIegler(2016: 325-332)를 참조할 것.

41) Shaver J. P. (Hrsg.)(1977).

42) 〈http://dera.ioe.ac.uk/4385/1/crickreport1998.pdf〉(2017. 10. 9.); Oxfam, Teaching Controversial Issues (London, 2006) (file:///C:/Users/LDG/Desktop/teaching_controversial_issues.pdf); Association of Citizenship Teaching, Teaching Controversial Issues. What's controversial and what should Citizenship teachers do about it?, Teaching Citizenship, 43(Spring, 2016).

43) 〈https://rm.coe.int/16806948b6〉(2017. 10. 9.).

44) Friedrichs(2016: 140-146, 166-170). 물론, 보이텔스바흐 합의에 내장된 그 '비판적·해방적' 성격은 지난 정치교육의 실천과 현실에서 충분히 발현되지 못했다. 그런 이유로 2015년 6월 독일의 일부 정치교육학자들은 보이텔스바흐 합의의 한계를 지적하며 '프랑크푸르트 선언'을 발표해 정치교육 원칙의 혁신을 주창했다. 위기, 논쟁성, 권력 비판, 성찰, 격려, 변화 등 6개 핵심 용어로 요약된다. 즉, '정치교육은 우리 시대의 위기를 직시해 갈등과 이견을 드러내고 대안에 대해 논쟁하도록 만들어야 하며, 권력을 비판하고 지배 관계를 분석하고 성찰하도록 해야 하며, 학습자들이 처한 학습 분위기와 경험을 잘 살펴 용기를 북돋우고, 사회를 변화시킬 길을 찾도록 해야 한다.' 이에 대해서는 Eis(2016: 134-138)를 참조할 것.

45) Sander(2017: 57-67).

46) May(2016: 233-240).

47) Brunold(2017: 90).

2장

1) Buchstein/Frech/Pohl (Hrsg.)(2016: 104).

2) 정치교육의 역사에 대해서는 Kuhn/Massing/Skuhr(1993), Gagel(2005), Sander(2010), 그리고 Detjen(2013)의 개요를 참조할 것.

3) 독일의 거의 모든 주에는 '주정치교육원(Landeszentrale für politische Bildung)'이 있다. 주정치교육원은 대개 주정부 산하 기관인데, 최근 두 주에서는 주의회 소속이 되었다. 그 밖에도 연방정부 차원의 '연방정치교육원'이 있는데, 연방내부부 장관의 주관 업무 영역에 속한다. 주정치교육원과 연방정치교육원은 출판, 연수, 회의를 통해 정치교육을 지원하며 세금으로 운영된다. 이 기관들은 모두 정치 중립의 의무를 갖는다. 즉, 논쟁 주제와 관련해서는 서로 다른 당파의 입장들과 사회적 입장들을 포괄해야 한다. 연방정치교육원과 대부분의 주정치교육원의 업무는 이사회의 감사를 받는다. 이사회는 정치교육원의 초당파성을 보장하고 정당과 사회단체와 학교 밖 정치교육의 독립 수행 기관의 대표들로 구성된다. Buchstein/Frech/Pohl (Hrsg.)(2016: 130).

4) Buchstein/Frech/Pohl(Hrsg.)(2016: 118).

5) Wehling(1977: 179-180).

6) 이 절의 내용에 대해서는 Pohl/Will(2016)의 더 상세한 서술을 참조할 것. 이 절의 내용은 1965-1985년 사이에 발간된 논문들의 분석에 근거한다. 하지만 이 절이 그 시기에 대해 포괄적으로 담론 분석했다고 말할 수는 없다. 이 절의 내용은 추후 더 검토될 필요가 있다.

7) Kuhn/Massing/Skuhr(1993: 288-289), Sander(2010: 147-149).

8) Busch(2016: 391-400).

9) Ciuke(2017: 115-117).

10) Detjen(2016), Detjen(2017).

11) Fischer/Hermann(1960: 16).

12) 이에 대해서는 Kuhn/Massing/Skuhr(1993), Gagel(2005), Sander(2010), 그리고 Detjen(2013)을 참조할 것.

13) Schiele/Schneider(1980).

14) Sutor(1980: 108).

15) Schiele/Schneider(1987).

16) Schneider(1987: 28).

17) Schneider(1987: 30).

18) Schneider(1996: 210).

19) Grammes(1996: 157).

20) Breit(1996: 100)

21) Sander(1995: 217).

22) Sander(1996: 32).

23) Sander(1996: 33).

24) 이 절의 내용에 대해서는 Pohl(2015a)을 참조할 것.

25) Ahlheim(2009: 249).

26) Hammermeister(2017: 173).

27) Nonnenmacher(2010: 462).

28) BVerfGE(1952: 1-3).

29) Besand(2017).

30) Sander(2009a).

31) Schiele(2006: 262).

32) Ahlheim(2009: 247).

33) Ahlheim(2009: 247), Ahlheim(2012).

34) Rudolf(2002: 47).

35) Siebert(2009: 321).

36) Sander(2009a: 240).

37) Widmaier(2017: 101-102).

38) Besand(2017: 107), Oberle(2017: 114-115).

39) Wehling(1977: 179), Oberle(2017: 115).

40) Schiele(2017: 29).

41) Besand(2017: 109).

42) Siebert(2009: 321).

43) Sander(2009b: 327).

44) Oberle(2017: 117).

45) Nonnenmacher(2011: 91).

46) Hafeneger(2009: 269).

47) Widmaier(2013: 146).

48) Grammes(1996: 148-152).

49) Grammes(1996: 149).

50) 이 절에 대해서는 Pohl(2015b)을 참조할 것.

51) 이 문제에 대한 토론은 최근 다시 '비판 정치교육'을 둘러싼 논쟁에서 진행되었다. 이에 대해서는 Lösch/Thimmel(2010)과 Pohl(2015c)의 개관을 참조할 것.

52) Pickel(2012: 40).

53) Nonnenmacher(2011: 93).

54) Breit/Massing(2002).

55) Sander(2013: 49).

56) Ackermann(2004: 95).

57) Nonnenmacher(2010: 466).

58) Widmaier(2011: 145).

59) Widmaier(2011: 148).

60) Detjen(2012: 235).

61) Detjen(2012: 235).

62) Oberle(2013: 159).

63) Brunold(2017: 98).

64) Nonnenmacher(2010: 466).

65) Nonnenmacher(2011: 96).

66) Hufer(2012: 324-329).

67) Beer(2004: 43).

68) Massing(2011: 161).

69) Schiele(2017: 27).

70) Huh(1993), Schiele(2007: 27), Bruen/Grammes(2016).

71) Wehling(1977: 179).

72) Sander(1996: 30).

73) Breit(1996: 81).

74) Sander(2017: 63).

75) Sander(1996: 31).

76) Gebauer(2017: 149-151).

77) Schiele(2017: 27).

3장

1) Däuble(2016).

2) Grammes(2012).

3) Grammes(2012), 허영식(2017).

4) Frick/Weber(2015).

4장

1) Snook(1977).

2) 이하의 논의는 Violas(1987)를 참조할 것.

3) Counts(1932).

4) Dewey(1934). 듀이는 진정한 개인주의·자유주의와 진정한 공동체주의는 동일한 것이라고 보았다.

5) Noddings(2016: 218), 심성보 역.

6) Tillich(1952).

7) Noddings(1997: 23).

8) Noddings(2016: 290-291).

9) Nusbaum(2009).

10) Carr(1997: 294-295).

11) 조용환(2004: 76).

12) 조작되고 조종되는 사회화는 나중에 사회적 가공 과정의 수동적 대상이 되는 일정한 원칙들을 수반할 뿐 아니라, 그러한 가공 과정에 저항하고 그것을 회피하며 그것을 넘어 살아남으려는 역량을 수반한다[Bauman(2013: 288-289)]. 기존 사회의 가치를 온존하고자 하는 '사회화'가 사회의 기존 가치에 대한 철학적 사고를 하지 않고, 그 가치를 주어진 것으로 받아들이기를 요구하기 때문이다.

13) Gordon(2001).

14) 아동 중심 진보주의 교육은 북미와 유럽에서 20세기 초·중반 역사적 용어 그리고 루소, 스펜서, 피아제, 듀이, 킬페트릭, 킹슬리 같은 인물의 저작과 주로 연관되어 있다. 이들의 기본적 원리는 전체 학급 중심의 일방적 수업, 기억과 암기에 터한 학습, 표준화된 교과와 시험, 석차와 경쟁의 강조, 정보와 기술에 중심을 둔 교육과정 등 전통적 방법에 대한 반발로 형성되었다. 진보주의 교육자들은 교수·학습의 새로운 방법을 선호하는 것과 함께 오랜 보수주의 가치와 사회 문화적 전승을 대체하는 개인의 활동과 자율성 발달을 중시하는 정치적 자유주의를 수반하면서 전통적 교육제도의 보존에 강한 거부감을 보였다. 진보주의는 더욱 활동적이고 협력적이고 실험적 학습 유형, 더 많은 교육 목표 및 과목의 선택, 그리고 정치적으로 자유롭고 과학적으로 안전한 교육 정책의 수립을 중시했

다. 새로운 심리적 인지적 발달 이론은 많은 전통적 교육 방법을 허물었고, 교육과정과 교수법에 대한 발달적으로 적절한 새로운 접근방식을 포함했다. 학습방법의 본질은 아동이 갈망하는 필요와 흥미에서 생겨나야 한다고 보았다. 이러한 진보주의 교육은 20세기의 교육 이론이나 실천에 근본적 변화를 가져다주었다. 교육에서 진보적 가정은 학생들의 본성(자연)과 경험에 따라 교육을 하는 것이다. 물론 이 본성은 발달심리학 모델에 기초한 것이다. 아동의 생활 측면을 지나치게 부각시킨 결과 교수 행위의 비전(秘傳)을 무시하고 그 결과 교사의 권위를 상대적으로 손상시킨 측면이 있다는 평가도 받고 있다.

15) Wringe(1988).

16) Carr(1997).

17) 이를 두고 아렌트를 '주저하는 근대주의자' 또는 '반근대주의자'로 분류하기도 한다. 아렌트는 전통과 현대 그리고 미래, 권위와 자유, 기성세대와 새로운 세대, 정치와 교육의 양면을 동시에 공존하고자 하는 절충적 입장에 있다고 할 수 있다.

18) Gordon(2001: 61).

19) Carr(1997: 179).

20) '정치적 중립'의 본래적 의미는 정치적 파당과 선동에 의해 휘둘리지 말아야 한다는 말이다.

21) 이 책의 3장을 참조할 것.

22) Kohlberg(1985).

23) Gutman(1991), 민준기 역.

24) Zimmerman/Robertson(2017).

25) 이 경우 극우 포퓰리즘 정당이나 정치인들은 반헌법적·반민주주의적으로 간주된다.

26) Levine(2010: 15).

27) Hess(2009: 28-32).

28) Habermas(1987).

29) Abowitz(2013: 65-86).

30) Farmer(2013).

31) 공론 조사는 전문가의 설득력과 관리 능력을 통해 시민의 능력과 덕성을 북돋우는 숙의민주주의 실험이라고 할 수 있다. '건설 재개'와 '건설 중단'을 주장하는 양측의 입장은 서로 너무나 달랐다. 양측은 각각의 가치를 담고 있다. 단순히 그중 어느 하나의 입장을 선택하여 그에 담긴 가치만을 수호하게 된다면, 다른 하나의 입장과 그에 담긴 가치는 전혀 보호받지 못한 채 소외·배제될 가능성이 있다. 이때 정의로운 판단을 요구한다. 우리 사회는 서로 다른 가치를 옹호하며 입장을 달리하는 개인이나 집단이 모여 살고 있다. 갈등은 생길 수밖에 없다. 갈등을 보편적인 현상으로 받아들인다면, 오히려 사회 발전의 추진 동력으로 삼을 수도 있다. 그러기 위해서는 갈등 상황에 대한 적절한 관리가 필요하다. 공론화는 정부 정책 등을 둘러싼 갈등을 사회적 합의를 통해 조율하기 위한 절차이다. 공론화는 갈등 관리라는 사회적 의미를 가진다. 공론 조사는 또한 시민 대표가 참여해 그들로부터 숙성된 의견을 수렴하는 민주적 의사 형성의 절차이다. 이 점에서 공론화는 국가권력의 민주적 행사라는 정치적 의미를 갖는다. 공론화 과정의 중심에는 시민참여단과 이들의 숙의 과정과 설문 조사가 있었다. 공론화 절차에서 시민 대표들의 숙의 과정은 자신의 주장이나 의견을 말하고, 다른 주장이나 의견도 경청할 수 있는 기회가 된다. 공론 조사에 참여하는 시민들은 원전과 에너지 정책에

대해 자신, 공동체, 국가에 어떤 관련성이 있는지 판단할 능력만 갖추면 된다. 공론 조사의 5가지 숙의 조건은 정보의 충실성, 주장의 균형성, 참여자 다양성, 토론의 평등성, 그리고 주장의 설득력이다. 정치권과 이해 당사자가 아닌 일반 시민 471명으로 이뤄진 시민참여단이 합숙까지 해 가며 집중적으로 학습하고 숙의한 끝에 국가의 주요 정책이자 첨예한 사회 갈등 사안에 대한 해법을 결정한 것은 사실상 우리의 역사상 처음 있는 일이었다. 비록 문재인 정부는 '탈원전 정책'을 발표했지만, 이를 정부 차원에서 밀어붙이거나 전문가의 영역에 두지 않고 시민참여단의 진지하고 깊이 있는 숙의와 토론을 통해 결정한 것이다. 이 점에서 숙의는 매우 합리적이고 효과 높은 의사소통 과정이라고 할 수 있다. 공론화 위원회는 숙의 과정을 통해 지역·환경·세대 등의 이슈가 복합적으로 얽혀 있던 신고리 5·6호기 건설과 관련해 일단 건설을 재개하되(이미 30%의 공사가 진행된 상태임), 장기적으로는 원전을 축소해야 한다는 내용을 담은 권고안을 정부에 전달했다.

32) Shaffer(2017: 5).

33) Goodin(2008).

34) Cowan/Maitles(2012: 4-5).

35) 'critical'의 라틴어 어원은 'krinein'으로서 '무엇의 가치를 평가한다.'는 뜻을 갖고 있다. 합당한 이유들의 입증하는 힘에 대한 적절한 주의와 관심을 나타낸다. 옳고 그름을 가리는 행위인 비판적 사고는 열린 생각, 공정한 생각, 독립적 생각, 탐구적 태도, 타인에 대한 존중 등을 포함한다. 합리적 탐구는 비판을 낳고, 한 전통에 대한 비판들은 필연적으로 그들이 비판하는 전통으로부터 발전하며 그 전통에 내재한 가치와 이유들에 호소하기 때문에 합리성을 전제한다. 질문하고 비판하고 탐구하는 데 참여하는 모든 시도는 합리성과 그 이유들의 힘에 대한 인식을 전제하기 때문에 그에 대해 달리 반박될 수 없다. 비판은 합리성 자체에 대한 비판을 포함하여 합리성에 의존하고 어떤 제안된 대안은 궁극적으로 비판적 사고의 원리와 준거에 기초하여 평가되어야 한다. 사고가 비판적이라는 의미는, 그 사고가 적절한 타당성의 표준이나 기준을 충족시켜서 충분히 '좋다'고 판단하는 것이다. 비판적 사고에 대한 현존하는 철학적 근거들은 그러한 기준을 강조한다. 비판적 사고란 "무엇을 믿고 행하여야 할지 결정하는 것에 집중하는 정당한 성찰적 사고"라고 규정하고, 사고(그리고 사고하는 사람들)가 비판적이기 위해 필요한 행동, 기술, 태도의 구체적인 목록을 제공한다.

36) Bailin/Siegel(2009: 198).

37) 돌봄 윤리(care ethics)는 인간이 관계 속에서 정의되는 '관계적 존재론(relation ontology)'에 바탕을 두고 있다.

38) 물론 이런 종류의 정치 토론은 교실 안에서만 머무는 것이 아니라 교실 밖의 학생 포럼(Student Forums)에서도 가능할 것이다.

39) Thomas/Hartley(2010: 105).

40) Mower/Robinson(2012).

41) 오늘날 정치(politics)의 어원을 이루는 그리스어 polis라는 단어는 원래 '둥근 담'과 비슷한 것을 의미했다. 라틴어 urbs도 '원(circle)'의 뜻을 갖는 orbis와 같은 단어에서 파생했다. 오늘날 잘 사용하고 있는 town도 동일한 연관을 갖는다. 도시는 본래 독일어 Zaun과 같이 무엇을 둘러싸고 있는 울타리(fence)를 의미한다. 담 없이 소유가 존재할 수 없는 것처럼 법의 담벼락 없이 공론 영역은 결코 존재할 수 없다. 담이 가족의 생물학적 삶의 과정과 소유를 보호하는 경계라면, 법률은 정치적 삶, 즉 공론 영역을 둘러싸서 보호하는 울타리였던 것이다. '정치(politics)' 또한 '정중한(polite)'이란 뜻

을 갖고 있었다.

42) Schiele(1996/2009: 24-26).

43) Schneider(1996/2009).

44) Snarey/Samuelson(2008: 73). '정의로운 공동체 학교' 접근은 사회화와 발달적 관점을 통합하는 것이고, 교사와 행정가가 학생을 대하는 데 정의와 돌봄을 구현하고, 도덕적 가치를 개발하기 위해 하나의 방법을 제공하는 것이다. 콜버그의 이런 대담한 시도는 '교육 민주주의'의 진보적 이상으로 돌아가는 것이라고 할 수 있으며, '공동체주의적' 유형 속에 있는 것이라고 할 수 있다.

45) Kohlberg/Hewer(2000: 51)

46) 참조: Brighouse(2011).

47) 독일의 경우 진보주의 교육은 대체로 '개혁교육학(Reformpädagogik)'으로 불렸다. 일반적으로는 아동 중심 진보주의 교육 사상으로 불린다. 또 다른 한편으로는 자유(대안) 학교 운동으로도 불렸는데 1970년대 초반, 암기 및 어른(교사) 중심의 교육에 대립하는 반권위적 교육 운동과 밀접하게 결속되어 학부모들에 의하여 전개되었다.

48) 심성보 외(2016: 27).

49) Sander(1996/2009: 55-56).

50) 심성보 외(2016: 43, 45).

51) Biesta(2006: 127-135).

52) Tillich(2006), Winter(2014).

53) Gutek(2014: 372-373). 듀이는 양자를 아우르는 입장에 있다. 또 한편으로 듀이는 흔히 진보주의 교육자라고 불리고 있지만, 정작 본인은 그렇게 불리는 것을 좋아하지 않았다. 진보주의와 보수주의라는 이분법을 원하지 않았기 때문이다. 그래서 실제 사회재건론자들로부터 비판이 제기되자 진보주의 교육학회를 탈퇴하기도 했다.

54) 최재정(2008: 45-46).

5장

1) 심성보 외(2016).

2) 심성보 외(2016: 43).

3) Pohl(2017).

4) Cowan/Maitles(2012: 5-7).

5) 정영철(2017).

6) Shaffer(2017).

7) Erneling(2010).

참고문헌

들어가는 글

- 장은주(2017), 『시민교육이 희망이다: 한국 민주시민교육의 철학과 실천모델』, 피어나.
- 잔더(2009), 「정치교육의 교육화」, 지그프리트 실레·헤르베르트 슈나이더, 『보이텔스바흐 협약은 충분한가?』, 전미혜 옮김, 민주화운동기념사업회.

1장

- 김육훈(2016), 「'국정화 소동'의 의의와 역사교육의 대안 탐색 '국정교과서 논란을 넘어서'」, 『역사와 교육』 13.
- 김정인(2016), 『역사전쟁, 과거를 해석하는 싸움』, 책세상.
- 김한종(2017), 『민주사회와 시민을 위한 역사교육』, 서울대학교출판문화원.
- 이동기(2016), 「정치 갈등 극복의 교육 원칙: 독일 보이텔스바흐 합의」, 『역사교육연구』 26.
- 장은주(2017), 『시민교육이 희망이다: 한국 민주시민교육의 철학과 실천모델』, 피어나.
- 제임스 W. 로웬(2010), 『선생님이 가르쳐 준 거짓말 – 아무도 가르쳐 주지 않은 미국사의 진실』, 휴머니스트.
- Breit, Gotthard und Siegfried Schiele (Hrsg.)(2002), *Demokratie-Lernen als Aufgabe der politischen Bildung*, Schwalbach/Ts: Wochenschau Verlag.
- Brunold, Andreas(2017), "Wie tragfähig ist der Beutelsbacher Konsens heute? Ein Statement", Siegfried Frech und Dagmar Richter (Hrsg.), *Der Beutelsbacher Konsens*, 87-103.
- Buchstein, Hubertus, Siegfried Frech und Kerstin Pohl (Hrsg.)(2016), Beutelsbacher Konsens und politische Kultur. Siegfried Schiele und die politische Bildung, Schwalbach/Ts: Wochenschau Verlag.
- Dahrendorf, Ralf(1992), *Der moderne soziale Konflikt*, Stuttgart: DVA.
- Detjen, Joachim(2000), "Die Demokratiekompetenz der Bürger. Herausforderung für die politische Bildung", *Aus Politik und Zeitgeschichte*, B 25, 11-20.
- Detjen, Joachim(2007), *Politische Bildung. Geschichte und Gegenwart in Deutschland*, München: De Gruyter Oldenbourg.
- Detjen, Joachim, Peter Massing, Dagmar Richter und Georg Weißeno(2012), *Politikkompetenz – ein Modell*, Wiesbaden: Springer.
- Detjen, Joachim(2014), "Personenporträt: Bernhard Sutor", Wolfgang Sander und Peter Steinbach (Hrsg.), *Politische Bildung in Deutschland*.
- Detjen, Joachim(2017), "Indoktrinationsverbot und Kontroversitätsgebot vor Beutelsbach.

Äußerungen der frühen Politikwissenschaft zur politischen Bildung in der Demokratie.",
Siegfried Frech und Dagmar Richter (Hrsg.), *Der Beutelsbacher Konsens,* 181-192.

- Eschenburg, Theodor(1986), "Der mündige Bürger fällt nicht vom Himmel. Die Anfänge der
Politikwissenschaft und des Schulfaches Politik in Deutschland nach 1945", *Der Bürger im
Staat,* 36.3.
- Eis, Andreas(2016), "Vom Beutelsbacher Konsens zur 'Frankfurter Erklärung': Für eine kritisch-
emanzipatorische Politische Bildung?", Benedikt Widmaier und Peter Zorn (Hrsg.), *Brauchen wir
den Beutelsbacher Konsens?,* 134-138.
- Fischer, Kurt Gerhard(1977), "Über das Consensus-Problem in Politik und politische Bildung
heute", Siegfried Schiele und Herbert Schneider (Hrsg.), *Das Konsensproblem in der politischen
Bildung,* 37-55.
- Frech, Siegfried und Dagmar Richter (Hrsg.)(2017), *Der Beutelsbacher Konsens. Bedeutung,
Wirkung, Kontroversen,* Schwalbach/Ts: Wochenschau Verlag.
- Friedrichs, Werner(2016), "Den Beutelsbacher Konsens radikaler denken!"; Moritz Peter
Haarmann und Dirk Lange, "Emanzipation als Kernaufgabe politischer Bildung", Benedikt
Widmaier und Peter Zorn (Hrsg.), *Brauchen wir den Beutelsbacher Konsens?,* 140-146, 166-170.
- Gagel, Walter(1996), "Der Beutelsbacher Konsens als historisches Ereignis", Siegfried Schiele und
Herbert Schneider (Hrsg.), *Reicht der Beutelsbacher Konsens?,* Schwalbach/Ts: Wochenschau
Verlag, 14-28.
- Gagel, Walter(2002), "Der lange Weg zur demokratischen Schulkultur. Politische Bildung in den
fünfziger und sechziger Jahren", *Aus Politik und Zeitgeschichte* B 45, 6-16.
- Gagel, Walter(2005), *Geschichte der politischen Bildung in der Bundesrepublik Deutschland
1945-1989/90.*3., überarbeitet und erweiterte Auflage, Wiesbaden: VS Verlag für
Sozialwissenschaft.
- Gagel, Walter(2007), *Drei didaktische Konzeptionen: Giesecke, Hilligen, Schmiederer,*
Schwalbach/Ts.: Wochenschau Verlag, 36-38.
- Gebauer, Bernt(2016), "Der Beutelsbacher Konsens im internationalen Kontext", Benedikt
Widmaier und Peter Zorn (Hrsg.), *Brauchen wir den Beutelsbacher Konsens?,* 148-153.
- Giesecke, Hermann(1974), *Didaktik der politischen Bildung,* München: Juventa-Verlag.
- Giesecke, Hermann(1977), "Die Schule als pluralistische Dienstleistung und das
Konsensproblem in der politischen Bildung", Siegfried Schiele und Herbert Schneider (Hrsg.),
Das Konsensproblem in der politischen Bildung, 56-69.
- Grammes, Tilman(2017), "Inwiefern ist der Beutelsbacher Konsens Bestandteil der Theorie
politischer Bildung?", Siegfried Frech und Dagmar Richter (Hrsg.), *Der Beutelsbacher Konsens.*
- Grosser, Dieter(1977), "Kriterien für einen Minimalkonsens in der politischen Bildung", Siegfried
Schiele und Herbert Schneider (Hrsg.), *Das Konsensproblem in der politischen Bildung,* 70-88.
- Hellmuth, Thomas und Cornelia Klepp(2010), *Politische Bildung,* Köln: Böhlau Verlag.
- Himmelmann, Gerhard(2001), *Demokratie-Lernen als Lebens-, Gesellschafts- und*

Herrschaftsform, Schwalbach/Ts: Wochenschau Verlag.

- Hornung, Klaus(1977), "Konsens-Grenzen der freiheitlichen Demokratie", Siegfried Schiele und Schneider, Herbert (Hrsg.), *Das Konsensproblem in der politischen Bildung,* 89-116.

- Hufer, Klaus-Peter(2011), "Emanzipation: Gesellschaftliche Veränderung durch Erziehung und politische Bildung – ein Rückblick auf eine nach wie vor aktuelle Leitidee", Bettina Lösch und Andreas Thimmel (Hrsg.), *Kritische politische Bildung. Ein Handbuch,* Schwalbach/Ts: Wochenschau Verlag, 18-20.

- James. P., Shaver (ed.)(1977), *Building Rationales for Citizenship Education,* Washington DC: National Council for the Social Studies.

- Juchler, Ingo (Hrsg.)(2010), *Kompetenzen in der politischen Bildung. Schriftenreihe der GPJE, Bd. 9,* Schwalbach/Ts: Wochenschau Verlag.

- Juchler, Ingo(2014), "Personenporträt: Hermann Giesecke", Wolfgang Sander und Peter Steinbach (Hrsg.), *Politische Bildung in Deutschland,* 82-84.

- Lösch, Bettina und Andreas Thimmel (Hrsg.)(2010), *Kritische politische Bildung. Ein Handbuch,* Schwalbach/Ts: Wochenschau Verlag.

- Mambour, Gerrit(2014), "Politische Bildung im Konflikt – von der Studentenbewegung zum Beutelsbacher Konsens", Wolfgang Sander und Peter Steinbach (Hrsg.), *Politische Bildung in Deutschland.*

- May, Michael(2016), "Die unscharfen Grenzen des Kontroversitätsgebots und des Überwältigungsverbots", Benedikt Widmaier und Peter Zorn (Hrsg.), *Brauchen wir den Beutelsbacher Konsens?,* 233-240.

- Pohl, Kerstin(2011), *Gesellschaftstheorie in der Politikdidaktik. Die Theorierezeption bei Hermann Giesecke,* Schwalbach/Ts: Wochenschau Verlag.

- Pohl, Kerstin(2014),"Personenporträt: Rolf Schmiederer", Wolfgang Sander und Peter Steinbach (Hrsg.), *Politische Bildung in Deutschland.*

- Pohl, Kerstin und Stephanie Will(2016), "Der Beutelsbacher Konsens: Wendepunkt in der Politikdidaktik?", Benedikt Widmaier und Peter Zorn (Hrsg.), *Brauchen wir den Beutelsbacher Konsens? Eine Debatte der politischen Bildung,* Bonn: Bundeszentrale für politische Bildung, 39-62.

- Pohl, Kerstin (Hrsg.)(2016), *Positionen der politischen Bildung,* 1 u. 2, Schwalbach/Ts.

- Sander, Wolfgang (Hrsg.)(2005), *Handbuch politische Bildung,* Schwalbach/Ts: Wochenschau Verlag.

- Sander, Wolfgang(2013), *Politik in der Schule. Kleine Geschichte der politischen Bildung in Deutschland,* Marburg: Schüren Verlag.

- Sander, Wolfgang(2014), "Personenporträt: Kurt Gerhard Fischer", Wolfgang Sander und Peter Steinbach (Hrsg.), *Politische Bildung in Deutschland.*

- Sander, Wolfgang und Peter Steinbach (Hrsg.)(2014), *Politische Bildung in Deutschland – Profile, Personen, Institutionen,* Bonn: Bundeszentrale für politische Bildung.

- Sander, Wolfgang(2017), "Der Beutelsbacher Konsens zwischen Theorie und Praxis der politischen Bildung", Siegfried Frech und Dagmar Richter (Hrsg.), *Der Beutelsbacher Konsens*, 57-67.
- Scherb, Armin(2016). "Zur Rezeption und Einordnung des Beutelsbacher Konsenses in der Politikdidaktik und in der Schule", Benedikt Widmaier, "Eine Mark für alle. Der Beutelsbacher Konsens in der non-formalen politischen Bildung". Benedikt Widmaier und Peter Zorn (Hrsg.), *Brauchen wir den Beutelsbacher Konsens?*
- Schiele, Siegfried und Herbert Schneider (Hrsg.)(1977), *Das Konsensproblem in der politischen Bildung*, Stuttgart: Ernst Klett Verlag.
- Schiele, Siegfried und Herbert Schneider (Hrsg.)(1996), *Reicht der Beutelsbacher Konsens?*, Schwalbach/Ts: Wochenschau Verlag.
- Schiele, Siegfried(2016), "Der Beutelsbacher Konsens – Missverständnisse in der Praxis und Perspektiven für die Praxis", Jochen Schmidt und Steffen Schoon (Hrsg.), *Politische Bildung auf schwierigem Terrain. Rechtsextremismus, Gedenkstättenarbeit, DDR-Aufarbeitung und der Beutelsbacher Konsens*(Landeszentrale für politische bildung Mecklenburg-Vorpommern).
- Schiele, Siegfried(2017), "Die Geister, die ich rief...! - Der Beutelsbacher Konsens aus heutiger SIcht", Siegfried Frech und Dagmar Richter (Hrsg.), *Der Beutelsbacher Konsens. Bedeutung, Wirkung, Kontroversen*, Schwalbach/Ts: Wochenschau Verlag.
- Schmidt, Jochen und Steffen Schoon (Hrsg.)(2016), *Politische Bildung auf schwierigem Terrain. Rechtsextremismus, Gedenkstättenarbeit, DDR-Aufarbeitung und der Beutelsbacher Konsens*, Landeszentrale für politische bildung Mecklenburg-Vorpommern.
- Schmiederer, Rolf(1977), *Politische Bildung im Interesse der Schüler*, Hannover: Europ. Vlg.-Anst.
- Studt, Marcel(2016), "Rolf Schmiederers pragmatische Wende? Zur Bedeutung des Radikalenerlasses für die Geschichte der politischen Bildung in den 1970er Jahren", Benedikt Widmaier und Peter Zorn (Hrsg.), *Brauchen wir den Beutelsbacher Konsens?*, 87-95.
- Sutor, Bernhard(1977), "Verfassung und Minimalkonsens. Die Rolle des Grundgesetzes im Streit um die politische Bildung", Siegfried Schiele und Herbert Schneider (Hrsg.), *Das Konsensproblem in der politischen Bildung*, 152-172.
- Sutor, Bernhard(2002), "Politische Bildung im Streit um die 'intellektuelle Gründung' der Bundesrepublik Deutschland", *Aus Politik und Zeitgeschichte* B 45.
- Thoß, Hendrik(2008), *Demokratie ohne Demokraten? Die Innenpolitik der Weimarer Republik*, Berlin: be.bra Verlag.
- Welge, Rebecca und Béatrice ZIegler(2016), "Die Rezeption des Beutelsbacher Konsens in der deuschsprachigen Schweiz", Benedikt Widmaier und Peter Zorn (Hrsg.), *Brauchen wir den Beutelsbacher Konsens?*, 325-332.
- Wehling, Hans-Georg(1973), "Politische Bildung in emanzipatorischer Absicht", Hans-Georg Wehling (Hrsg.), *Unterrichtspraktisches Handbuch zur Politischen Bildung. Modelle für den*

Sozialkundeunterricht, München: Ehrenwirt.

- Widmaier, Benedikt und Peter Zorn (Hrsg.)(2016), *Brauchen wir den Beutelsbacher Konsens? Eine Debatte der politischen Bildung,* Bonn: Bundeszentrale für politische Bildung.

2장

- Ackermann, Paul(2004), "Der interventionsfähige Bürger scheint mir ein realistisches Leitbild für die politische Bildung zu sein", in: Pohl, Kerstin (Hrsg.) Positionen der politischen Bildung 1. Ein Interviewbuch zur Politikdidaktik, Wochenschau-Verlag: Schwalbach im Taunus, 88-103.
- Ahlheim, Klaus(2012), Die "weiße Flagge gehisst"? Wirkung und Grenzen des Beutelsbacher Konsenses, in: Ahlheim, Klaus/Schillo, Johannes (Hrsg.): Politische Bildung zwischen Reformierung und Aufklärung, Offizin-Verlag: Hannover, 75-92.
- Ahlheim, Klaus(2009), Die Kirche im Dorf lassen. Ein nüchterner Blick auf den Beutelsbacher Konsens, in: Erwägen – Wissen – Ethik (EWE), Nr. 2, 248-250.
- Beer, Wolfgang(2004), "Eine thematisch begründete Erweiterung der politischen Bildung ist die systematische Ausweitung der Interdisziplinarität um den Bereich der Naturwissenschaften und der Technologieentwicklung", in: Hufer, Klaus-Peter/Pohl, Kerstin/Scheurich, Imke (Hrsg.), Positionen der politischen Bildung 2. Ein Interviewbuch zur außerschulischen Jugend- und Erwachsenenbildung, Wochenschau-Verlag: Schwalbach im Taunus, 36-57.
- Besand, Anja(2017), Mit welcher Haltung machen wir unsere Arbeit? Drei Beobachtungen und vier Fragen an die politische Bildung "nach" Pegida, in: Frech/Richter, 104-113.
- Breit, Gotthard(1996), Kann die "Westorientierung" der politischen Bildung die Grundlage für einen inhaltlichen Konsens bilden?, in: Schiele/Schneider, 81-106.
- Breit, Gotthard/Massing, Peter (Hrsg.)(2002), Die Rückkehr des Bürgers in die politische Bildung, Wochenschau-Verlag: Schwalbach im Taunus.
- Bruen, Jennifer/Grammes, Tilman(2016), Editorial: Controversial Issues in the Political Classroom, Journal of Social Science Education, Volume 15, N° 2, Summer, 2-10.
- Brunold, Andreas(2017), Wie tragfähig ist der Beutelsbacher Konsens heute? Ein Statement, in: Frech/Richter, 87-103.
- Buchstein, Hubertus(2012), Divergierende Konzepte Politischen Handelns in der Politikwissenschaft, in: Weißeno/Buchstein, 18-38.
- Buchstein, Hubertus/Frech, Siegfried/Pohl, Kerstin (Hrsg.)(2016), Beutelsbacher Konsens und Politische Kultur. Siegfried Schiele und die politische Bildung, Wochenschau-Verlag: Schwalbach im Taunus.
- Busch, Matthias(2016), Staatsbürgerkunde in der Weimarer Republik. Genese einer demokratischen Fachdidaktik, Verlag Julius Klinkhardt: Bad Heilbrunn.
- BVerfGE 2(1952), Bundesverfassungsgerichtsentscheidungen. Urteil des Ersten Senats vom

23. Oktober in dem Verfahren über den Antrag der Bundesregierung auf Feststellung der Verfassungswidrigkeit der Sozialistischen Reichspartei.

- Ciupke, Paul(2017), Zwischen sozialer Bewegung und professionellem Handeln. Der Beutelsbacher Konsens in der Geschichte der außerschulischen politischen Bildung, in: Widmaier/Zorn, 112-119.
- Detjen, Joachim(2012), Das Handeln in der politikdidaktischen Theoriebildung, in: Weißeno/Buchstein, 226-241.
- Detjen, Joachim(2013), Politische Bildung. Geschichte und Gegenwart in Deutschland, Oldenbourg Verlag: München.
- Detjen, Joachim(2016), Politische Erziehung als Wissenschaftsaufgabe. Das Verhältnis der Gründergeneration der deutschen Politikwissenschaft zur politischen Bildung, Nomos-Verlag, Baden-Baden.
- Detjen, Joachim(2017), Indoktrinationsverbot und Kontroversitätsgebot vor "Beutelsbach", Äußerungen der frühen Politikwissenschaft zur politischen Bildung in der Demokratie, in: Frech/Richter, 179-194.
- Fischer, Kurt Gerhard/Herrmann, Karl(1960), Der politische Unterricht, Bad Homburg v. d. Höhe, Verlag Gehlen: Berlin, Zürich.
- Frech, Siegfried/Richter, Dagmar (Hrsg.)(2017), Der Beutelsbacher Konsens. Bedeutung, Wirkung, Kontroversen, Wochenschau-Verlag: Schwalbach im Taunus.
- Gagel, Walter(2005), Geschichte der politischen Bildung in der Bundesrepublik Deutschland 1945-1989/90, 3., überarb. u. erw. Aufl., VS-Verlag: Wiesbaden.
- Gebauer, Bernt(2017), Der Beutelsbacher Konsens im internationalen Kontext, in: Widmaier/Zorn, 148-154.
- Grammes, Tilman(1996), Unterrichtsanalyse – ein Defizit der Fachdidaktik, in: Schiele/Schneider, 143-169.
- Hafeneger, Benno(2009), Der Blick auf die Schule greift zu kurz, in: Erwägen – Wissen – Ethik (EWE), Nr. 2, 268-270.
- Hammermeister, Juliane(2017), Macht- und Herrschaftsverhältnisse. Ein blinder Fleck des Beutelsbacher Konsenses, 171-179.
- Huh, Young-Sik(1993), Interesse und Identität – eine Untersuchung zu Wertbezügen, Zielen, Inhalten und Methoden des politischen Unterrichts nach dem Beutelsbacher Konsens, Verlag Peter Lang: Frankfurt am Main.
- Hufer, Klaus-Peter(2012), Reflexion oder Aktion. Die Diskussion in der politischen Erwachsenenbildung, in: Weißeno/Buchstein, 320-334.
- Kuhn, Hans-Werner/Massing, Peter/Skuhr, Werner(1993), Politische Bildung in Deutschland. Entwicklung – Stand – Perspektiven, 2., überarb. u. erw. Aufl., Leske und Buderich: Opladen.
- Lösch, Bettina/Thimmel, Andreas (Hrsg.)(2010), Kritische politische Bildung. Ein Handbuch, Wochenschau-Verlag: Schwalbach im Taunus.

- Massing, Peter(2011), Theoretische und normative Grundlagen politischer Bildung, in: ders., Politikdidaktik als Wissenschaft. Ausgewählte Aufsätze. Studienbuch, Wochenschau-Verlag: Schwalbach im Taunus, 113-168.

- Nonnenmacher, Frank(2011), Handlungsorientierung und politische Aktion in der schulischen politischen Bildung. Ursprünge, Grenzen und Herausforderungen, in: Widmaier, Benedikt/ Nonnenmacher, Frank (Hrsg.): Partizipation als Bildungsziel. Politische Aktion in der politischen Bildung, Wochenschau-Verlag: Schwalbach im Taunus, 83-99.

- Nonnenmacher, Frank(2010), Analyse, Kritik und Engagement – Möglichkeit und Grenzen schulischen Politikunterrichts, in: Lösch/Thimmel, 459-470.

- Oberle, Monika(2017), Wie politisch dürfen, wie politisch sollen Politiklehrer/innen sein? Politische Orientierungen von Lehrkräften als Element ihrer professionellen Kompetenz, in: Frech/Richter, 114-127.

- Oberle, Monika(2013), Der Beutelsbacher Konsens – Richtschnur oder Hemmschuh politischer Bildung?, in: Politische Bildung, Nr. 1, 156-161.

- Pickel, Susanne(2012), Das politische Handeln der Bürgerinnen und Bürger – ein Blick auf die Empirie, in: Weißeno/Buchstein, 39-57.

- Pohl, Kerstin/Will, Stephanie(2016), Der Beutelsbacher Konsens: Wendepunkt in der Politikdidaktik? in: Widmaier/Zorn, 39-67.

- Pohl, Kerstin(2015a), Kontroversität: Wie weit geht das Kontroversitätsgebot für die politische Bildung?, in: Bundeszentrale für politische Bildung: Dossier Politische Bildung, ⟨http://www. bpb.de/gesellschaft/kultur/politische-bildung/193225/kontroversitaet⟩(letzter Zugriff: 27.07.2016).

- Pohl, Kerstin(2015b), Politisch Handeln: Ziel und Inhalt der politischen Bildung?, in: Bundeszentrale für politische Bildung: Dossier Politische Bildung, ⟨http://www.bpb.de/ gesellschaft/kultur/politische-bildung/193189/politisch-handeln⟩(letzter Zugriff: 27.07.2016).

- Pohl, Kerstin(2015c), Kritik: Wie kritisch soll politische Bildung sein?, in: Bundeszentrale für politische Bildung: Dossier Politische Bildung, ⟨http://www.bpb.de/gesellschaft/kultur/ politische-bildung/193192/kritik⟩(letzter Zugriff: 27.07.2016).

- Rudolf, Karsten(2002), Politische Bildung: (k)ein Thema für die Bevölkerung? Was wollen die Bürger? Ergebnisse und Schlussfolgerungen einer repräsentativen Bevölkerungsbefragung, in: Aus Politik und Zeitgeschichte, Nr. 45, 45-53.

- Sander, Wolfgang(2017), Der Beutelsbacher Konsens zwischen Theorie und Praxis der politischen Bildung, in: Frech/Richter, 57-68.

- Sander, Wolfgang(2013), Politik entdecken – Freiheit Leben. Didaktische Grundlagen politischer Bildung, 4. Auflage, Wochenschau-Verlag: Schwalbach im Taunus.

- Sander, Wolfgang(2010), Politik in der Schule. Kleine Geschichte der politischen Bildung, 2. akt. Auflage, Schüren-Verlag: Marburg.

- Sander, Wolfgang(2009a), Bildung und Perspektivität – Kontroversität und Indoktrinationsverbot als Grundsätze von Bildung und Wissenschaft, in: Erwägen – Wissen – Ethik (EWE), Nr. 2, 239-

248.

- Sander, Wolfgang(2009b), Replik – Wissen, Bildung und die Konstruktion von Wirklichkeit, in: Erwägen – Wissen – Ethik (EWE), Nr. 2, 325-334.
- Sander, Wolfgang(1996), Politische Bildung nach dem Beutelsbacher Konsens, in: Schiele/ Schneider, 29-38.
- Sander, Wolfgang(1995), Rechtsextremismus als pädagogische Herausforderung für Schule und politische Bildung, in: Verantwortung in einer unübersichtlichen Welt. Aufgabenwertorientierter politischer Bildung. Schriftenreihe der Bundeszentrale für politische Bildung, Bd. 331, Bonn.
- Schiele Siegfried(2006), Besprechung von: Klaus Ahlheim/Bardo Heger, Wirklichkeit und Wirkung politischer Erwachsenenbildung, in: Außerschulische Bildung, Nr. 2, 262.
- Schiele, Siegfried/Schneider, Herbert (Hrsg.)(1980), Die Familie in der politischen Bildung – Konsens auf dem Prüfstand der Praxis, Ernst-Klett Verlag: Stuttgart.
- Schiele, Siegfried/Schneider, Herbert (Hrsg.)(1987), Konsens und Dissens in der politischen Bildung, Metzlersche Verlagsbuchhandlung, Stuttgart.
- Schiele, Siegfried/Schneider, Herbert (Hrsg.)(1996), Reicht der Beutelsbacher Konsens? Wochenschau-Verlag: Schwalbach im Taunus.
- Schneider, Herbert(1987), Ergänzungsbedürftiger Konsens? Zum Identitäts- und Identifikationsproblem in der politischen Bildung, in: Schiele/Schneider, 27-47.
- Schneider, Herbert(1996), Gemeinsinn, Bürgergesellschaft und Schule, in: Schiele/Schneider, 199-225.
- Siebert, Horst(2009), Lernen im Erwachsenenalter konstruktivistisch beobachtet, in: Erwägen – Wissen – Ethik (EWE), Nr. 2, 320-322.
- Sutor, Bernhard(1980), Familienpolitik: Motive – Ziele – Inhalte. Skizze einer mehrstündigen Unterrichtsreihe im Sekundarbereich I, in: Schiele/Schneider, 107-132.
- Wehling, Hans-Georg(1977), Konsens à la Beutelsbach, in: Schiele, Siegfried/Schneider, Herbert (Hrsg.): Das Konsensproblem in der politischen Bildung, Ernst-Klett Verlag: Stuttgart, 173-184.
- Weißeno, Georg/Buchstein, Hubertus (Hrsg.)(2012), Politisch Handeln. Modelle, Möglichkeiten, Kompetenzen, Verlag Barbara Budrich: Opladen/Berlin/Farmington Hills, 320-334.
- Widmaier, Benedikt(2017), Eine Marke für alle? Der Beutelsbacher Konsens in der non-formalen politischen Bildung, in: Widmaier/Zorn, 96-111.
- Widmaier, Benedikt(2013), Beutelsbacher Konsens 2.0, in: Politische Bildung, Nr. 1, 150-156.
- Widmaier, Benedikt(2011), Das ganze Erfolgspaket auf seine Bedeutung hin befragen! Der Beutelsbacher Konsens und die aktionsorientierte Bildung, in: Außerschulische Bildung, Nr. 2, 142-150.
- Widmaier, Benedikt/Zorn, Peter (Hrsg.)(2016), Brauchen wir den Beutelsbacher Konsens? Eine Debatte der politischen Bildung, Bundeszentrale für politische Bildung: Bonn.

3장

- 허영식(2017),「독일의 정치교육: 합의문제와 다중관점」,『세계시민』, 제10호.
- L. Frick und R. Weber(2015), "Methoden im Politikunterricht: Beispiele für die Praxis", Politik & Unterricht, Heft 1/2-2015, 1 und 2 Quatral, 41. Jahrgang, Landeszentrale für politische Bildung Baden-Würtemberg (LpB).
- Grammes, Tilman(2012), Einführung in fachdiaktisches Denken – am Beispiel sozialwissenschaftlicher Fächer und Demokratiepädagogik, Hamburger Studientexte Didaktik Sozialwissenschaften, Bd. 3, Universität Hamburg, Fakultät EPB:
- Däuble, Helmut(2016), "Der fruchtbare Dissens um den Beutelsbacher Konsens, Gesellschaft · Wirtschaft · Politik (GWP)", Heft 4, 449-458, 〈www.budrich-journals.de〉.

4장

- 심성보(2011),『인간과 사회의 진보를 위한 민주시민교육』, 살림터.
- 심성보(2014),『민주시민을 위한 도덕교육』, 살림터.
- 심성보 외(2016),「보이텔스바흐 합의 정신에 기반한 민주시민교육 정책 방안 연구」, 서울특별시교육연구정보원 교육정책연구소 위탁연구과제보고서.
- 이은선(2013),『생물권 정치학 시대에서의 정치와 교육』, 모시는 사람들.
- 조용환(2004),「문화와 교육의 갈등-상생 관계」,『교육인류학연구』, 4(2), 한국교육인류학회.
- 최재정(2008),『개혁교육학』, 학지사.
- Abowitz, K. K.(2013), Publics for Public schools: Legitimacy, democracy, and leadership, New York: Routledge.
- Arendt, H., 서유경 역(2005),『과거와 미래 사이』, 푸른숲.
- Bailin, S./Siegel, H.(2009), 강선외 역,『현대 교육철학의 다양한 흐름』, 학지사.
- Bamber, P.(2014), Education for Citizenship: Different Dimensions, W. Bignold & L. Gayton, Global Issues and Comparative Education, LA: Sage.
- Bauman, Z., 정일준 역(2013),『현대성과 홀로코스트』, 새물결.
- Bickmore, K.(2006), Democratic Social Cohesion(Assimilation)? Representations of Social in Canadian Public School Curriculum, Canadian Journal of Education, Vol. 29, No. 2: 259-386.
- Biesta, G.(2006), Beyond Learning: Democratic Education for a Human Future, Boulder·London: Paradigm.
- Biesta, G.(2011a), Learning Democracy in School and Society: Education, Lifelong and the Politics of Citizenship, Rotterdam: Sense Publishers.
- Biesta, G.(2011b), A School for Citizens: Civic Learning and Democratic Action in the Learning democracy, B. Lingard, J. Nixon & S. Ranson (ed.), Transforming Learning in Schools and Communities: The Remaking of Education for a Cosmopolitan Society, London: Continuum.

- Biesta, G.(2014), Learning in Public Places: *Civic Learning for the Twenty-First Century, Biesta, G. Bie, M. & Wildemeersch (ed.), Civic Learning, Democratic Citizenship and the Public Sphere,* Leuven: Springer.
- Brighouse, H. 이지헌 역(2011), 「아동은 어떤 권리를 갖는가?」, R. Bailey(편), 『철학이 있는 교육, 교육을 찾는 철학』, 학이당.
- Carr, D., 김해성 역(1997), 『인성교육론』, 교육과학사.
- Cipolle, S. B.(2010), Service-Learning and Social Justice: Engaging Students in Social Change, Maryland: Rowman & Littlefield.
- Counts, G.(1932), *Dare the School Build Order?,* New York: John day Co.
- Cowan, P. & Maitles, H. (ed.)(2012), Teaching Controversial Issues in the Classroom: Key Issues and Debates, London: Continuum.
- Davies, I. etal(2014), *Creating Citizenship Communities: Education, Young People and the Role of Schools,* Palgravemacmilan.
- Dewey, J.(1916/1993), 이홍우 역(2007), 『민주주의와 교육』, 교육과학사.
- Dewey, J.(1934), Education for a Changing Social Order, *NEA Addresses and Processings,* Vol, 72. Washington, D. C.: National Education Association, 754.
- Erickson, J. & Anderson, J.(2005), *Learning with the Community, Concepts and Models for Service-Learning in Teacher Education,* Sterling: Stylus.
- Gagel, W.(1996/2009), 「역사적 사건으로서 보이텔스바흐 협약」, 지그프리트 실레·헤르베르트 슈나이더, 『보이텔스바흐 협약은 충분한가?』, 전미혜 옮김, 민주화운동기념사업회.
- Farmer, F.(2013), *After the Public Turn: Composition, Counterpublics, and the Citizen Bricoleur,* Logan: Utah University Press.
- Garratt, D. & Forrester, G.(2012), *Education Policy Unravelled,* London: Continuum.
- Gordon, M.(2001), *Hannah Arendt and Education,* Oxford: Westview Press.
- Goodin, R.(2008), *Innovating Democracy: Democratic Theory and Practice After the Deliberative Turn,* Oxford: Oxford University Press.
- Gordon, M. & Green, M. (ed.)(2001), *Hannah Arendt and Education,* Colorado: Westview Press.
- Gutek, G. L.(2014), *Philosophical, Ideological, and Theoretical Perspectives on Education,* Boston: Pearson.
- Gutman, A. 민준기 역(1991), 『민주화와 교육: 민주시민교육의 이상과 실제』, 을유문화사.
- Habermas, J.(1987), *The theory of communicative action: life world and system: a critique of functional reason,* Beacon Press.
- Hess, D. E.(2009), Controversy in the Classroom, the Democratic Power of Discussion, New York: Routledge.
- Keer, D.(2005), England's Teenagers Fail the Patriotic Test: the Lesson from England's Participation in the IEA Civic Education Study, S. Wilde (ed.), *Political and Citizenrship Education: International Perspectives,* Oxford: Symposium Books.
- Kohlberg, K. 김민남 역(1985), 『도덕발달의 철학』, 교육과학사.

- Kohlberg, L. Levine, C. & Hewer, A.(2000), 『콜버그 도덕성 발달이론』, 아카넷.
- Levine, P.(2010), Teaching abd Learning Civility, N. Thomas (ed.), *Educating for Deliberative Democracy*, San Francisco: Jossey-Bass.
- Lisman C. D.(1998), *Toward a Civil Society: Civic Literacy and Service Learning*, Westport: Bergin & Garvey.
- Lockyer, A.(2012), Education for Citizenship: Children as Citizens and Political Literacy, A. Invernizzi & J. Williams, *Children and Citizenship*, Los Angeles: Sage.
- Mayer, S. J.(2012) *Classroom and Discourse Democracy: making meanings together*. New York: Peter Lang.
- McCowan, T. & Unterhalter, E.(2013), *Education, Citizenship and Deliberative Democracy: Sen's Capability Perspective*, R. Hedtke & T. Zimenkova (ed.), *Education for Civic and Political Participation: a Critical Approach*, New York: Routledge.
- Mower, D. S. & Robinson, W. L. (ed.)(2012), *Civility and Politics and Education*, New York & London: Routledge.
- Murphy, M. & Fleming, T. (ed.)(2010), *Habermas, Critical Theory and Education*, Oxon: Routledge.
- Noddings, N., 곽덕주 외 역(2010), 「배려와 도덕교육」, W. Kohli 편저, 『다문화 시대 대화와 소통의 교육철학』, 학지사.
- Noddings, N., 심성보 외 역(1997), 「인격교육과 공동체」, 『아동인격교육론』, 인간사랑.
- Noddings, N., 심성보 역(2016), 『21세기 교육과 민주주의』, 살림터.
- Nusssbaum, M. (ed.), 오인영 역(2003), 『나라를 사랑한다는 것』, 삼인.
- Nusbaum, M.C.(2009), 「순화된 애국주의란 가능한가?: 세계적 정의의 논증」, 석학과 함께 하는 인문강좌 시리즈, 제1강연, 한국학술진흥재단.
- Piper, C.(2012), Will Law Think about Children? Reflections on Youth Matter, A. Invernizzi & J. Williams, *Children and Citizenship*, Los Angeles: Sage.
- Print, M.(2008), Education for Democratic Citizenship in Australia, J. Artjhur, I Davies & C. Hahn (ed.), *Education for Citizenship and Democracy*, London: Sage.
- Rimmerman, C.(2009), *Service-Learning and the Liber Arts*, Lanham: Lexinton Books.
- Sander, W.(1996/2009), 「보이텔스바흐 합의 후의 정치교육」, 지그프리트 실레·헤르베르트 슈나이더, 『보이텔스바흐 협약은 충분한가?』, 전미혜 옮김, 민주화운동기념사업회.
- Scherb, A.(1996/2009), 「가치지향적인 정치교육의 기반으로서 실용적·규범적인 최소협약의 근거지움」, 지그프리트 실레·헤르베르트 슈나이더, 『보이텔스바흐 협약은 충분한가?』, 전미혜 옮김, 민주화운동기념사업회.
- Schiele, S.(1996/2009), 「보이텔스바흐 협약은 연륜이 쌓아간다」, 지그프리트 실레·헤르베르트 슈나이더, 『보이텔스바흐 협약은 충분한가?』, 전미혜 옮김, 민주화운동기념사업회.
- Schneider, H.(1996/2009), 「협동심, 시민사회와 학교: 시민에게 올바른 방향을 제시하는 정치교육을 위한 의견」, 지그프리트 실레·헤르베르트 슈나이더, 『보이텔스바흐 협약은 충분한가?』, 전미혜 옮김, 민주화운동기념사업회.

- Sheffield, E. C.(2011), *Strong Community Service Learning: Philosophical Perspectives,* New York: Peter Lang.
- Siegel, H.(1988), *Educating Reason: Rationality, Critical Thinking and Education,* London: Routledge.
- Silcock, P.(2002), *New Progressivism,* London: Routledge
- Snarey, J. & Samuelson, P.(2008), Moral Education in the Cognitive Developmental Tradition: Lawrence Kohlberg's Revolutionary Ideas, L. P. Nucci & D. Narvaez (ed.), *Handbook of Moral and Character Education,* New York: Routledge.
- Snook, I. A. 윤팔중 역(1977), 『교화와 교육』, 배영사.
- Speck, B. W. & Hoppe, S. L.(2004), *Service-Learning: History, Theory, and Issues,* Westport: Prager.
- Thayer-Bacon, B. J.(2013), 「배려적 추론」, W. Willis & D. Fasko, 박병기 역, 『도덕철학과 도덕심리학』, 인간사랑.
- Thomas, N. & Hartley, M.(2010), Higher Education's Democratic Imperative, N. Thomas (ed.), *Educating for Deliberative Democracy,* San Francisco: Jossey-Bass.
- Tillich. P., 차성구 역(2006), 『존재의 용기』, 예영커뮤니케이션.
- Violas, P., 심성보 역(1987), 『교화에 대한 논쟁과 대공황, 현대교육의 위기: 20세기 미국교육사의 전개와 반성』, 한길사.
- Westheimer, J. & Kahne, J.(2004a), Educating the good citizen, *Political Science and Politics,* 37(2), 241-269.
- Westheimer, J. & Kahne, J.(2004b), What kind of citizen? *American Educational Research Journal,* 41(2), 241-269.
- Wilde, S.(2005), Papering over the Cracks? Extra-curricular and Cross-curricular Citizenship Learning in Secondary Schooling in Germany, S. Wilde (ed.), *Political and Citizenship Education: international perspectives,* Oxford: Symposium Books.
- Winton, S.(2007), Does Character Education Really Support Citizenship Education?, *Canadian Journal of Educational Administration and Policy,* No. 665: 1-24.
- Winter, M.(2014), Subjectificating Socialization for the Common Good: The Case for a Democratic Offensive in Upbringing and Education, Biesta, G. Bie, M. & Wildemeersch (ed.), *Civic Learning, Democratic Citizenship and the Public Sphere,* Leuven: Springer.
- Wringe, C. A.(1988), *Understanding Educational Aims.* London: Unwin Hyman.
- Zimmerman, J. & Robertson, E.(2017), The Case for Contention: teaching controversial issues in American Schools, Chicago: The University of Chicago Press.

5장

- 정영철(2017), '보이텔스바흐 합의 기반 논쟁수업과 학교교육 환경변화', 2017 초·중등 교장(감) 대상

보이텔스바흐 합의에 기반한 민주시민교육 논쟁수업 워크숍(2017. 10. 26.), 서울시교육청/흥사단 교육운동본부.

- Cowan, P. & Maitles, H. (ed.)(2012), Teaching Controversial Issues in the Classroom: Key Issues and Debates, London: Continuum.
- Erneling, C. E.(2010), Towards Discursive Education, Philosophy, Technology, and Modern Education, Cambridge: Cambridge University Press.
- Pohl, Kerstin(2017), "Der Beutelsbacher Konsens in Deutschland. Entstehung – Rezeption – Kontroversen", 한국 방문 강연문.
- Shaffer, T. J. etal(2017), Deliberative Pedagogy: Teaching and Learning for Democratic Engagement, Michigan State University Press: Michigan.

저자소개

| 심성보 |

부산교육대학교 교수이다. 고려대학교에서 교육학 박사 학위를 받고 런던대학교 교육대학원에서 공부했으며, 호주 시드니 대학교 방문교수를 지냈다. 부산교육대학교 초등교육연구소장과 대학원장, 인권교육포럼 상임대표, 교육개혁시민운동연대 상임대표 등을 역임했으며, 현재 서울시교육청 민주시민교육 자문위원장, 흥사단교육운동본부공동대표, 한국교육연구네트워크이사장, 새로운 교육 체제 수립을 위한 사회적 교육위원회 상임대표, 미래교육포럼 공동대표로 활동하고 있다. 저서로는 『한국교육의 새로운 모색』, 『전환시대의 교육사상』, 『도덕교육의 담론』(1998 문광부 우수학술도서), 『민주화 이후의 공동체 교육』(2009 문광부 우수학술도서), 『인간과 사회의 진보를 민주시민교육』, 『민주시민을 위한 도덕교육』(2015 세종도서 학술도서) 등이 있고, 역서로 『현대교육의 위기』, 『교육과 인간해방』, 『비판적 페다고지는 세상을 변화시킬 수 있는가?』, 『21세기 민주주의와 교육』(2016 세종도서 학술도서) 등과 공역으로 『세계교육사』, 『열린교육의 철학』, 『조선근대교육의 사상과 운동』, 『프레이리와 교육』, 『세계교육개혁』 등이 있다.

| 이동기 |

강릉원주대학교 사학과 교수이다. 서울대학교 서양사학과를 졸업하고 동 대학원에서 독일현대사를 공부했으며 주석사 학위를 취득했다. 독일 예나 대학교 사학과에서 분단 시기 동서독 관계와 독일 통일을 주제로 한 논문으로 박사 학위를 받았으며, 독일 본 대학교 아시아학부 초빙 연구원과 서울대학교 통일평화연구원 HK 연구교수를 지냈다. 주요 연구 분야는 냉전사와 평화사다. 저서로는 『Option oder Illusion? Die Idee einer nationalen Konföderation im geteilten Deutschland 1949-1990(선택 가능한 길인가 망상인가? 1949-1990년 분단 독일의 국가연합안)』(Berlin: Ch. Links Verlag, 2010), 『20세기 평화텍스트 15선』(2013), 역서로는 『역사에서 도피한 거인들_ 역사는 끝났는가』(2001)와 『근대세계체제제3』(2013, 공역)이 있다.

장은주

영산대학교 성심교양대학 교수이며, 참여연대 부설 참여사회연구소 소장과 (사)징검다리교육공동체 민주시민교육센터장을 맡고 있다. 2013년 9월부터 2년 동안 경기도교육연구원 선임연구위원을 역임한 바 있다. 서울대학교 철학과와 동 대학원을 졸업했으며 독일 프랑크푸르트 요한 볼프강 괴테 대학교에서 철학 박사 학위를 받았다. 주요 저서로 『생존에서 존엄으로』(2007), 『인권의 철학』(2010), 『정치의 이동』(2012), 『유교적 근대성의 미래』(2015), 『시민교육이 희망이다』(2017) 등이 있고, 주요 논문으로는 「민주주의라는 삶의 양식과 그 인간적 이상」(2014), 「통합진보당 이후의 진보: 민주적 공화주의의 관점에서」(2015), 「메리토크라시와 민주주의: 유교적 근대성의 맥락에서」(2017) 등이 있다.

케르스틴 폴

독일 마인츠(Mainz) 요하네스 구텐베르크(Johannes Gutenberg) 대학교의 정치교육 교수법 담당 교수이다. 베를린 자유대학교에서 정치학과 생물학 교사 자격증을 취득했고, 같은 대학교에서 정치교수법 박사 학위를 받았다. 독일의 '정치교수법 및 청소년과 성인을 위한 정치교육 협회(GPJE)' 임원으로 활동 중이다. 정치교육 전반은 물론 정치교육을 위한 사회이론적, 민주주의이론적 및 정치학적 기초와 지속가능한 발전 교육 등이 주 연구 분야다. 저서로는 『정치교육에서의 사회이론. 헤르만 기에제케의 이론 이해(Gesellschaftstheorie in der Politikdidaktik. Die Theoriekonzeption bei Hermann Giesecke』(2014) 등이 있고, 『정치교육에 대한 입장들 2. 정치교육에 대한 인터뷰(Positionen der politischen Bildung 2. Interviews zur Politikdidaktik)』(2016)를 책임 편집했다.